南海諸島爭端與漁業共同合作

王冠雄 著

自　序

南海事務，經緯萬端。我自研究所的碩士學位論文以中菲間經濟海域問題為探討主題開始，就對位於我國南方這一片海域的法理論證與實務探討深深著迷。及至赴英留學，研究範圍向南延伸擴大至南海海域，更加覺得對於南海爭端的研究如同海洋一般，既博且深，其中涉及者不僅是國際法律制度，更有國際政治與國際經濟的層面。

南海之所以重要，除了有潛在豐富的資源之外，更是控制太平洋及印度洋間海空國際航線的要衝，因此位於其中的小島礁就具有鎖控交通安全的戰略價值，也因如此，誘使南海週邊國家興起爭奪島礁，擴張對資源控制的野心，而對「主權」的各種法理主張不過成為爭奪的工具。這不僅成為亞太情勢不安的一項重要因素，更使南海爭端之解決更加複雜。

回國後得有機會與外交部工作人員和其他學界先進共同參加「南海會議」及其架構下的「法律事務技術工作會議」和「合作區域研究小組會議」，真正有機會與南海其他週邊國的代表人員面對面地就爭端的內容進行討論，也讓我在過去的學術研究過程加入了實務的經驗，這些對我在南海議題的研究上具有無比珍貴的意義。

愈加深入研究南海問題，就愈覺得當前爭端的糾結點在於爭端各方都丟出了「主權」的煙幕彈，藉以掩飾想要奪取資源及佔據海道優勢的真正目的。我持續地認為在此情形下，涉及資源利用的「主權權利」應和涉及國家領土的「主權」分離，如此或可助於爭端的解決，而這亦是「共同開發」

的基本精神。

　　本書係以本人於民國八十八年參與外交部委託研究「南海海域共同開發之策略研究」報告為整理基礎，並加入了過去在求學研究期間所獲得的資料和近期的發展，期望對出現已久的「南海資源共同開發」議題能夠有一學術及實務的討論，也盼望能夠為我國在南海權利上的主張能有些微的貢獻。因此，本書之能完成，首需感謝外交部給予本人在參與南海會議的實務經驗與研究資料上的提供。此外，我也要感謝任教的文化大學政治系楊主任泰順多次給予激勵與關懷，督促我能將研究成果出版。同時，秀威資訊對學術研究著作出版的熱誠支持，是本書能夠順利出版的重要原因，在此併致謝忱。

　　最後，我要特別感謝我的父親王大儒先生、母親王陳儷珠女士及內子佩琪，在他們的持續鼓勵及協助之下，本書方能完成。另女兒翎瓅的優美琴聲常能讓我靜心沈澱思慮、兒子睿皡的童言稚語讓我在平板的研究生活中能有輕鬆的心情。本書在資料的引用上雖力求正確，然若有疏漏之處，期盼學者先進能夠給予指正。

王冠雄
於台北市安和築
民國九十一年十月十二日

目　錄

第一章　前言

第一節　南海的地理形勢

依據學者之研究與定義，南海海域的範圍東起菲律賓群島，北至台灣海峽，西到巽他礁層(Sunda Shelf)與印度洋，南達印尼群島。[1]（見附圖 1-1）整片海域延伸走向約為東北—西南的形勢，由位於東北的台灣拉出西南方向的軸線長度約為 1,500 海里，而較短的軸線則自越南至沙巴(Sabah)，約為 480 海里長。[2]在這片海域裡共有四處主要的島群，分別為：東沙群島、中沙群島、西沙群島和南沙群島，其分別之地理位置與當前情勢如下：

一、東沙群島：係由北衛灘、南衛灘與東沙島所構成，位於東經 116 度至 117 度，北緯 20 度 30 分至 21 度 31 分之間，亦即位於台灣西南方約二百四十浬處，是南海諸島中位置最北的島群。[3]東沙群島現在我國的管轄之下，自第二次世界大戰之後，我國即派駐軍隊在此，並未中斷，我國在此之主權亦未遭受任何挑戰。一九八七年建造一條長 4500 公

---

[1]　見 J. Morgan and Mark J. Valencia, eds., *Atlas for Marine Policy in Southeast Asian Seas* (Berkeley: University of California Press, 1983), p. 4; J. R. V. Prescott, *The Maritime Political Boundaries of the World* (London & New York: Methuen, 1985), p. 210.

[2]　Prescott, *Ibid*

[3]　陳鴻瑜，*南海諸島之發現、開發與國際衝突*（台北：國立編譯館，民國 86 年 11 月），頁 2。

尺的跑道,可供 C-130H 貨機起降之用。[4] 我國於二〇〇〇年一月二十八日成立海岸巡防署後,即由海巡署員警取代原有之陸戰隊隊員之駐防任務,共約有一五〇人。[5]

二、中沙群島:雖稱群島,但是大部分的礁灘均長年覆蓋在海水之下,僅有黃岩島係唯一高出水面的島礁。中沙群島位於北緯 15 度 20 分至 16 度 20 分,東經 113 度 40 分至 115 度之間。[6] 由於前述之地理情勢,使得中沙群島在南海諸島主權的爭奪過程中,相較下列所述之西沙和南沙兩群島,各週邊國較少出現對中沙群島激烈的主張。[7]

三、西沙群島:位於北緯 15 度 56 分至 17 度 8 分,東經 111 度 11 分至 112 度 54 分之間。整個群島共有約一百三十餘個島礁沙灘,分為東西兩島群,東北方的一群稱為宣德

---

[4] Peter Kien-Hong Yu, "Issues on the South China Sea: A Case Study," 11 *Chinese Yearbook of International Law and Affairs* (1991-92), pp. 170-171.

[5] 東沙島指揮官熊孝瑋指出,目前有關兵力部署與調整,只是單純的守備任務與宣示主權方式調整,並未涉及國家主權與管轄權的改變。同時國防部一再強調,國軍將東、南沙防務交由「海岸巡防署」接替,並非撤軍,為保持戰力,海巡部接防部隊已事前完成接防任務,地區內原有各型火炮均未撤出,接防後不會減損原有戰力。見《中國時報》,民國 89 年 1 月 28 日。此外,政府也一再表示此舉充分顯示我國降低南海地區緊張情勢之善意,應有助於促進亞太地區之和平穩定。中央社,台北民國八十八年十二月十二日電。

[6] 陳鴻瑜,同註 3,頁 2-3。

[7] Lo Chi-Kin, *China's Policy Towards Territorial Disputes: The Case of South China Sea Islands* (London and New York: Routledge, 1989), p. 26.

群島，有七個較大的島嶼和若干礁灘，分別為：永興島、石島、南島、北島、趙述島、中島、五島、西沙洲、北沙洲、中沙洲、南沙洲、銀礫灘、西渡灘、蓬勃礁、湛涵灘、濱湄灘。西南方的一群稱為永樂群島，有八個較大的島嶼和若干礁灘，分別為：甘泉島、珊瑚島、金銀島、中建島、盤石嶼、道乾群島、廣金島、晉卿島、北礁、華光礁、玉琢礁、森屏灘、羚羊礁、高尖石、聖湖暗沙。[8] 在這些島礁中，以永興島的面積最大，該島長 1.95 公里，寬 1.35 公里，總面積為 1.85 平方公里。[9] 自從一九七四年中共與當時之南越發生戰鬥之後，中共就已經完全掌握西沙群島。

　　四、南沙群島：位於北緯 4 度到 11 度 30 分和東經 109 度 30 分到 117 度 50 分之間，東距菲律賓巴拉望島約 300 浬，西距越南亦約 300 浬，北距海南島約 650 浬，共有約一〇二個島嶼、礁、灘，其中經常露出水面的島礁散佈之面積約有十八萬平方公里，約比西沙群島大五倍。南沙群島中最大的島是 1971 年為菲律賓所占領的中業島，島長一千五百公尺，寬一千公尺。南沙群島的主要島礁包括：雙子礁（北子礁、南子礁）、永登暗沙、中業群礁（主島是中業島）、渚碧礁、

---

[8]　陳鴻瑜，同註 3，頁 3。*Keesing's Contemporary Archives: Weekly Diary of World Events* (London: Keesing's Publication Ltd., 1974), p. 26388; John K. T. Chao, "South China Sea: Boundary Problems Relating to the Nansha and Hsisha Islands." 9 *Chinese Yearbook of International Law and Affairs* (1989), pp. 68-69; Jeanette Greenfield, *China's Practice in the Law of the Sea* (Oxford: Clarendon Press, 1992), p. 151.

[9]　陳鴻瑜，同前註。

道明群礁（楊信沙洲、南鑰島）鄭和群礁（太平島、敦謙沙洲、舶蘭礁、安達礁、鴻麻島、南薰礁）、福祿寺礁、大現礁、小現礁、永暑礁、逍遙暗沙、尹慶群礁（中礁、西礁、東礁、華陽礁）、南威島、日積礁、奧援暗沙、南葳灘、蓬勃堡、奧南暗沙、金盾暗沙、廣雅灘、人駿灘、李準灘、西衛灘、萬安灘、安波沙洲、隱盾暗沙、海馬灘、蓬勃暗沙、艦長暗沙、半月暗沙、保衛暗沙、安波灘、彈丸礁、皇路礁、南通礁、北康暗沙、盟誼暗沙、南安礁、南屏礁、南康暗沙、海寧礁、海安礁、澄平礁、曾母暗沙、八仙暗沙、立地暗沙，還有危險區內各島礁，包括禮樂灘、忠孝灘、神仙暗沙、仙后灘、莪蘭暗沙、紅石暗沙、棕灘、陽明礁、東坡礁、安塘島、和平暗沙、費信島、馬歡島、西月島、北恒礁、恒礁、景宏島、伏波礁、仙濱暗沙、信義暗沙、泛愛暗沙、孔明礁、仙娥礁、美濟礁、仁愛暗沙、海口暗沙、畢生島、南華礁、立威島、南海礁、息波礁、破浪礁、王諾島、榆亞暗沙、金吾暗沙、校尉暗沙、南樂暗沙、司令暗沙、都護暗沙、指向礁。[10]

　　由於南海海域中蘊藏豐富之自然資源，同時南海又是太平洋及印度洋之間必經航道。這些誘因皆使得南海週邊國對南海諸島的主權歸屬產生染指之念，進而向中國人挑戰南海諸島的主權。目前對於南沙群島的主張極為複雜，共有中華

---

[10]　　陳鴻瑜，同前註，頁 3, 6。Ewan Anderson, *An Atlas of World Political Flashpoints: A Sourcebook of Geopolitical Crisis* (London: Pinter Reference, 1993), pp. 193-195; Choon-ho Park, *East Asia and the Law of the Sea* (Seoul: Seoul National University Press, 1983), p. 203.

民國、中共、越南、馬來西亞、汶萊、和菲律賓等六國對於
該群島全部或部分之島、礁、沙、灘提出主權主張。(見附
圖 1-2)

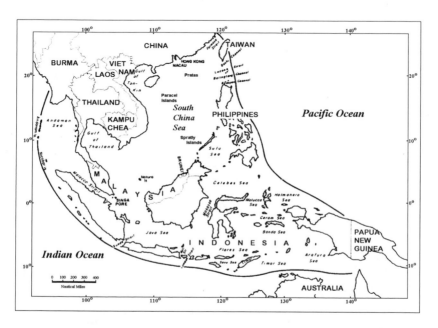

圖 1-1 南海區域圖

資料來源：參考自 Somsak Chullasorn and Purwito Martosubroto,
*Distribution and Important Biological Features of Coastal
Fish Resources in Southeast Asia*, FAO Fisheries Technical
Paper No. 278 (Rome: FAO, 1986). 並經筆者加以修正。

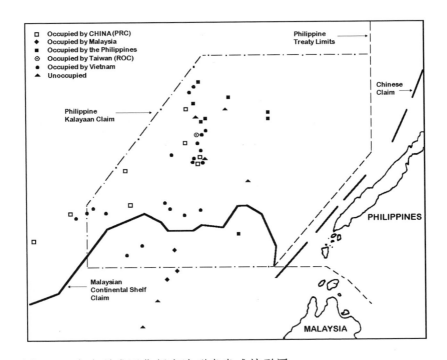

圖 1-2　南海週邊國佔領南沙群島島礁情形圖

資料來源：參考自 Mark J. Valencia, "Spratly Solution Still at Sea," 6 *Pacific Review* (1993), p. 156. 並經筆者加以修正。

第二節 南海週邊國的主張

一、中華民國

　　就擁有南海諸島主權的角度觀之,無論是歷史上利用該些島嶼的紀錄,或是實際的設治管理,中國人都有明確的證據證明其擁有主權,而這也是海峽兩岸政府在主張南海諸島權利時主要的依據。自一九四九年兩岸分裂分治之後,主張南海諸島的表現方式雖有不同,但是持續主張的立場並未有所變化。以近十年來兩岸政府在法律與政策的推動情形來說,我國政府於一九九三年四月十三日函定「南海政策綱領」,在前言與目標中即清楚指出:

前言

南沙群島、西沙群島、中沙群島及東沙群島,無論就歷史、地理、國際法及事實,向為我國固有領土之一部分,其主權屬於我國。

南海歷史性水域界線內之海域為我國管轄之海域,我國擁有一切權益。我國政府願在和平理性的基礎上,及維護我國主權原則下,開發此一海域,並願依國際法及聯合國憲章和平解決爭端。

目標

(一)堅定維護南海主權;
(二)加強南海開發管理;
(三)積極促進南海合作;
(四)和平處理南海爭端;
(五)維護南海生態環境。

　　雖然在一九九八年公佈實施的「中華民國領海及領接區法」中並沒有出現關於南海歷史性水域的規範與描述，但由立法院的院會記錄可以看出，此一關於南海歷史性水域規範的討論，實是反映了當時激烈的意識型態之爭論，而產生之法條文字上的妥協。不過當時擔任立法委員的傅崑成特別登記發言，其內容已適當地表現了中華民國主張歷史性水域的事實，以及缺少歷史性水域的規範並不必然損及我國在南海當中的權利：[11]

> 自一九三〇年代開始，中華民國政府便在南海水域之中劃定了一條 U 形線，而此 U 形線內的水域，既不是領海，也不屬鄰接區或其他可以想得出來的海域稱呼，而是基於歷史事實，長久以來便由中國人在此享有優先權的範圍。當中華民國劃定此一疆界線時，…並無任何週邊國家挑戰此一 U 形線之適當性及合法性。但已在一九八二年簽訂，並於一九九四年十一月六日生效的聯合國海洋法公約來看，此一水域之性質無以名之，而只能以歷史性水域稱之。…因為此一水域並非領海或鄰接區，因此在領海及鄰接區法之中，根本不需要去解釋何地為歷史性水域，但這並不表示我們就沒有歷史性水域。

　　此外在一九九九年二月十日，中華民國公布第一批領海基線、領海及鄰接區外界線的公告中，表示「在我國傳統 U 形線內之南沙群島全部島礁均為我國領土，其領海基線採直線基線及正常基線混合基線法劃定，有關基點名稱、地理座

---

[11]　　*立法院公報*，第八十一卷第一期（民國八十六年十二月二日），院會記錄，頁 189。

標及海圖另案公告。」[12]（見附圖 1-3） 二〇〇一年行政院
公佈第一部揭示我國海洋政策的「海洋白皮書」，對於南海
諸島權利的主張敘述為：

> 南海諸島自古即為我國領土，民國三十五年政府且曾派收
> 南海諸島、測繪其位置圖並公布新舊名稱對照表。其基
> 線，基於實際需要，採分批公告，首批含東沙群島及中沙
> 群島、南沙群島。西沙群島併同大陸地區列入後續公告範
> 圍。

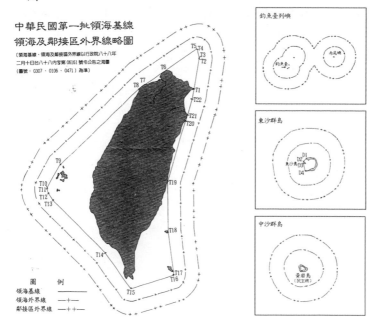

圖 1-3　中華民國第一批領海基線、領海及鄰接區外界線略圖
　　　　資料來源：筆者掃瞄自內政部公佈之圖。

---

[12]　見 http://www.moiland.gov.tw/law/new/第一批領海基線.doc 之
　　　公告內容。上網檢視日期：2002 年 2 月 12 日。

二、中共

至於中共在近年內所為之主張則有：

一九八三年，中國地名委員會授權公佈包括南沙群島在內的南海諸島標準地名。[13] 一九九二年中共頒佈領海及毗連區法，依據該法第二條之規定：

> 中華人民共和國的陸地領土包括中華人民共和國大陸及其沿海島嶼、台灣及其包括釣魚島在內的附屬各島，澎湖列島、東沙群島、西沙群島、中沙群島、南沙群島以及其他一切屬於中華人民共和國的島嶼。…

此外，依據前述領海及毗連區法的規定，中共於一九九六年五月十五日宣布「關於中華人民共和國領海基線的聲明」，聲明中公布其大陸領海的部分基線和西沙群島的領海基線，在西沙群島部分以二十八個基點所連成的基線做為其領海基礎的主張。[14]（見附圖 1-4）

三、菲律賓

菲律賓以「先佔(occupation)」及「地理鄰近(proximity)」為由，主張南沙群島為其所發現之「卡拉揚群島(Kalayaan Islands)」。一九五六年時，菲人克洛瑪(Tomas Cloma)搭乘海洋研究船行行至南沙群島，並且宣告該等群島均為無人島，

---

[13]　見 http://www.fmprc.gov.cn/chn/5998.html，檢視日期：2002 年 2 月 12 日。

[14]　見 http://www.hriscs.com.cn/ 網頁中關於「中華人民共和國關於領海基線的聲明」部分，檢視日期：2002 年 3 月 12 日。

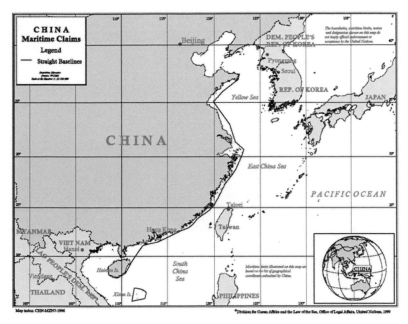

圖 1-4　中共領海直線基線圖
資料來源：　http://www.un.org/Depts/los/LEGISLATIONANDTREAT
　　　　　　IES/PDFFILES/MAPS/CHN_MZN7_1996b&w.pdf

除函告菲律賓政府外，克洛瑪等人並在若干島嶼上懸插菲國國旗。菲國外交部並配合宣稱克洛瑪所航行到的島礁為無人島，依據先佔原則，菲人自可對該等群島宣示主權。[15] 同時，菲律賓政府認為由地理形勢觀之，南沙群島距離菲律賓本土極為接近，基於國防安全和「鄰近」的理由，菲律賓將之視為其領土。[16]

四、馬來西亞[17]

馬來西亞則主張南沙群島中若干島嶼位於其領土向海自然延伸的大陸礁層上，並立法（一九六六年大陸礁層法）將之納入其法律規範之中。[18]一九七八年時，馬來西亞開始主張其對南沙若干島嶼的權利，這些島嶼包括了 Amboyna

---

[15] "Government States Position," *New Philippines* (10 July 1971), p. 10; Jorge R. Coquia, "Philippine Position on the South China Sea Issues," in Theresa C. Cariño, ed., *The South China Sea Disputes: Philippine Perspections* (Manila: Philippine-China Development Resource Center and Philippine Association for China Studies, 1992), p. 53.

[16] Diane C. Drigot, "Oil Interests and the Law of the Sea: The Case of the Philippines," 12 *Ocean Development and International Law* (1982), pp. 41, 44.

[17] 關於馬來西亞對南沙群島島礁的主張，亦可見 R. Haller-Trost, *The Contested Maritime and Territorial Boundaries of Malaysia: An International Law Perspective* (London: Kluwer Law International, 1998).

[18] Continental Shelf Act, 1966, Act No. 57 of 28 July 1966. In S. H. Lay, R. Churchill, and N. Nordquist, comp. and eds., *New Directions in the Law of the Sea*, Vol. I (Dobbs Ferry, New York: Oceana Publications Inc., 1973), p. 322.

Cay（中文名為「安波沙洲」）、Commodore Reef（中文名為
「司令礁」）以及 Swallow Reef（中文名為「彈丸礁」）。[19] 次
年，在其出版的官方地圖中明白標示馬來半島東岸、沙勞越
和沙巴的大陸礁層界線，以及將前述島礁納入其管轄的狀
態。[20]

五、越南[21]

越南主要是依據歷史上的紀錄來主張其對西沙和南沙
的主權，聲稱西沙及南沙兩群島自「不可記憶的年代起」即
是其領土的一部份，越南漁民即已前往捕捉海龜、海參以及
其他的海洋生物。此外，越南也以近乎「鄰近」的理由，主
張在歷史上南沙群島即成為其領土的一部份。越南舉例在一
八三四年，安南民命王統治時期，南沙即已出現在越南的地
圖中，並標示為其國家領土不可分割的一部份。[22]

在以上關於馬來西亞、菲律賓、越南等國主張的背後，

---

[19] D. J. Dzurek, "Boundary and Resource Disputes in the South China Sea," 5 *Ocean Yearbook* (1985), p. 260.

[20] Alan J. Day, ed., *Border and Territorial Disputes* (London: Longman, 1982), p. 126; David Jenkins, "The Spratlys: A 2000-year-old Claim," *Far Eastern Economic Review* (7 August 1981), p. 30.

[21] 關於越南對南沙群島島礁的主張，亦可見 Luu Van Loi, The Sino-Vietnamese Difference on the Hoang Sa and Truong Sa Archipelagoes (Hanoi: The Gioi Publishers, 1996).

[22] Park, *supra* note 10, p. 212; Marwyn S. Samuels, *Contest for the South China Sea* (New York and London: Methuen, 1982), p. 50, note 35.

存在著一個不可忽略的原始動機,那就是南海海域所蘊藏的自然資源(無論是生物或非生物資源),以及掌控國際海運通航的要道,[23] 這使得南海諸島礁具有優勢的戰略與安全之地理地位。因此,就紛爭之表面形式來看,形之於外的是南海各週邊國出兵佔領這些蕞爾小島而生之領土爭執;然而若細究其問題之本質,則擴張對島礁本身及其鄰近海域內之資源的主張及海上交通航道的控制,應為各國佔領島嶼之真正動機。

其次,在討論到海洋法的發展時,一九四五年美國總統杜魯門所發佈的兩份文件絕對會被提及,這兩份文件分別為「美國對大陸礁層海床及其底土自然資源之政策(Policy of the United States with Respect to the Natural Resources of the Subsoil and Seabed of the Continental Shelf)」[24] 和「美國對公海中若干區域漁業之政策(Policy of the United States with Respect to Coastal Fisheries in Certain Areas of the High Seas)」[25],第一份文件乃是美國政府基於經濟上的考慮,為了自然資源的養護與利用,宣稱鄰接美國海岸的大陸礁層、海床及其底土內的天然資源受到美國的管轄和控制(jurisdiction and control);後者則是美國政府認為由於外國漁

---

[23] Bing Bing Jia, *The Regime of Straits in International Law* (Oxford: Clarendon Press, 1998), Chapter 3.

[24] U.S. Presidential Proclamation No. 2667, reprinted in S. Houston Lay, Robin Churchill, and Myron Nordquist, eds., *New Directions in the Law of the Sea*, Vol. I (New York: Oceana Publication, 1973), pp. 106-107.

[25] U.S. Presidential Proclamation No. 2668, *ibid.*, pp. 95-96.

船的入侵和漁捕技術的日益發達，已經嚴重威脅其沿岸漁民的生計和影響漁業資源的養護，乃宣布在美國近岸公海區域建立「養護區(conservation zones)」，以養護其沿海生物資源，並由美國本身或是協同其他國家對該區中的漁捕行為實施管制。但是值得注意的是，前述兩項宣言對於公海所具有的特性和航行自由仍然採取肯定的態度，這與日後其他國家所採取的措施和主張是截然不同。

　　杜魯門總統的兩份文件發表之後，各沿海國積極擴張管轄權至其鄰近海域的行動形成一股風潮。在東南亞地區，這股風潮也深深地影響到各沿海國在擴張海域方面的立法與實踐。舉其顯著者，下列各國已先後擴大其海洋管轄區域：[26]

---

[26]　括弧內為宣佈日期。作者整理自 UN, *National Legislation on the Territorail Sea, the Right of Innocent Passage and the Contiguous Zone* (New York: UN, 1995). 另參考 R. Haller-Trost, *The Contested Maritime and Territorial Boundaries of Malaysia: An International Law Perspective* (London: Kluwer Law, 1998); Mark J. Valencia, *Malaysia and the Law of the Sea: The Foreign Policy Issues, the Options and Their Implications* (Malaysia: Institute of Strategic and International Studies, 1991).另中華民國相關海洋立法見內政部印，中華民國領海及鄰接區法、中華民國專屬經濟海域及大陸礁層法，民國八十八年三月；中共相關立法見中共全國人大常委會法制工作委員會辦公室印，中華人民共和國領海及毗連區法，一九九二年；中華人民共和國專屬經濟區和大陸架法，一九九八年。以及聯合國統計資料：http://www.un.org/Depts/los/LEGISLATIONANDTREATIES/PDFFILES/Claims_2002.pdf，上網檢視日期：2002 年 8 月 30 日。

國家	領　　　海	專屬經濟海域
汶萊	12 浬（01/01/1983）	200 浬
中共	12 浬（25/02/1992）	200 浬（26/06/1998）
柬埔寨	12 浬	200 浬
印尼	12 浬（18/02/1960）	200 浬（21/03/1980）
馬來西亞	12 浬（02/08/1969）	200 浬（1984）
菲律賓	條約領海（1973）	200 浬（11/06/1978）
新加坡	3 浬	
中華民國	12 浬（21/01/1998）	200 浬（21/01/1998）
泰國	12 浬（06/10/1966）	200 浬（23/02/1981）
越南	12 浬（12/05/1977）	200 浬（12/05/1977）

第三節　本書所欲探討的主題

　　一般在談論南海問題時，焦點往往放在主權的紛爭上，但是筆者認為無論主權的爭奪或是歷史與法理的爭辯，都只存在問題的表面，而其深層的意義在於對資源的探索與佔有。

　　本書之探討重點係以探討南海地區紛爭之本質為出發點，配合海洋法的發展為脈絡，就學理及實務的層面探究近年來在「共同開發南海資源」方面的發展，並且專就漁業資源管理共同合作的角度，務實地探討在南海海域進行功能性共同開發或合作時可以考慮的議題，盼望能對「共同開發」的內涵有一深入之瞭解。

　　為了名詞使用的一致性，本書在論及「共同開發」一詞時，其內涵係包含了「共同開發(joint development)」與「共同合作(joint cooperation)」二個層面。前者一般係用於海域主張重疊各國對於爭端海域部分之石油與天然氣等非生物資源進行合作探勘與開發的情形，而後者則不僅包含了前述的範圍，亦包括了對生物資源的利用、養護與管理，以及其他在爭端海域中所有可以進行之功能性合作項目，例如海洋科學研究、海洋環境保護等。[27]

---

[27] 關於本段所述觀念，亦可參考 "Maritime Zoning and International Law," Background paper prepared by the South China Sea Informal Working Group for the Second Meeting of the Study Group on Zones of Cooperation in the South China Sea, Bali, June 27 – July 1 1999. 見王冠雄，*赴印尼參加第二屆南海合作區域研究小組非正式會議報告書*，民國 88 年 7 月，附件十五。

第二章　觸發南海紛爭的若干因素

為能規範與維持國際秩序，乃有國際法律制度的存在。然而為了使本國在國際爭端中立於優勢，國際法卻又成為爭端國所利用的工具。如同第一章中所討論的，引發南海爭端的原因在表面上看起來，充滿了對南海各島礁主張的各種國際法理論及原則，然而若細究其問題之本質，則擴張對島礁本身及其鄰近海域內之資源的主張及控制海上交通航道，應為各國佔領島嶼之真正動機。特別是南海四周海域被週邊國家陸地領土包圍的地理情勢，南海週邊國對於此一海域交織著佔領、衝突、談判、以及合作等等複雜的互動關係。

本章即企圖由生物資源、碳氫化合物資源和海線安全三個層面切入分析引發南海紛爭的因素。

第一節　生物資源的爭奪

就全球海域之生物資源而論，南海可以說是極為重要的漁場之一。在此一海域內，鰺類(scad)、鯖類(mackerel)和鮪類(tuna)皆為重要的商業魚種。若就魚類的分佈區域觀之，在靠近週邊國家海岸區域或是河口區域更是有利於魚類生長的環境，例如，湄公河沖積入海的營養物使得由暹邏灣至新加坡一帶海域成為南海海域的重要漁場，同樣的，蘇門達臘諸河排入麻六甲海峽周遭海域的養分，亦為構成該海域魚類的重要養分來源。[1]

---

[1]　Lee Yong Leng, *Southeast Asia and the Law of the Sea*

　　豐富的漁業資源對於東南亞民眾的生活有著深刻的影響，漁業資源不僅是當地居民的糧食來源、經濟活動的主要構成要素，[2] 更是當地民眾就業的來源。《表2-1》之內容係在統計南海週邊國家人民每人每年對於魚類的消費情形，各國魚類產品消費均高於全球的平均數。除此之外，魚類亦為此區域居民攝取食物中動物性蛋白質的重要來源，所佔比例超過二分之一。[3]

　　本區域的漁業活動可以分為沿岸漁業與深海漁業兩類，前者所捕獲的種類要比後者來得複雜，往往單次投網的捕獲多達兩百種不同的魚群，這種情形普遍地出現在暹邏灣與馬來西亞海域中。[4] 沿岸漁業的作業區域分佈在菲律賓中部、暹邏灣、東京灣、海南島、越南沿岸、岷多洛島、巴拉望島、沙勞越與汶萊沿岸、那土納群島、以及台灣沿岸。[5]

　　深海漁業部分，其作業區域則普遍分佈在南海海域的中部。目標魚群則主要為鮪類(*Euthynnus, Thunnus* 和 *Auxis spp.*)

(Singapore: Singapore University Press, 1978), p. 20

[2]　高價值的魚產品，如鮪魚及海蝦，均為該地區主要外銷商品，外銷國家主要為美國及日本。

[3]　P. Tansubkul and F. L. Fung-wai, "The New Law of the Sea and Development in Southeast Asia," 23 *Asian Survey* (1983), p. 868.

[4]　Mansor Mat Isa and Raja Mohammad Noordin, "The Status of the Marine Fisheries in the South China Sea," Paper presented at the First Working Group Meeting on Marine Scientific Research in the South China Sea, Manila, Philippines, 30 May - 3 June 1993, p. 4.

[5]　J. Morgan and M. Valencia, eds., *Atlas for Marine Policy in Southeast Asian Seas* (Berkeley, California: University of California Press, 1983), p. 36.

表 2-1　環南海各國國民 2000 年魚類食物消費統計表

單位：公斤

	每人魚類食物之供應(公斤／年)
汶萊	26.7
中國大陸	25.0
印尼	19.5
柬埔寨	19.8
馬來西亞	57.9
菲律賓	29.6
新加坡	--
台灣(1998)	38.5
泰國	28.7
越南	19.2
全球統計	15.9

資料來源：FAO website on Food Balance Sheets,

　　　　　上網檢視日期：2002 年 9 月 5 日。

　　　　　台灣地區的資料係參考自：台灣地區每人每年糧食可供

　　　　　消費量統計表，見農委會網站：

　　　　　http://www.coa.gov.tw/statistic/agri/b8.htm，更新日期：

　　　　　1998 年 6 月 18 日，上網檢視日期：2002 年 7 月 29 日。

、鯖類(mackerels , *Rastrelliger spp. , Scomberomorus spp.*)、
鰺類(scads, *Decapterus spp.*)、鯷類(anchovies, *Stolephorus*

spp.)、沙丁(sardines, *Sardinella spp.*)等，這些魚群構成此一海域的重要商業魚種。[6]

由所捕獲的魚群之分佈區域和價值來看，在南海海域中的漁業資源多為跨越多個國家管轄海域的魚群，例如鯖類，或是洄游距離更廣的高度洄游魚群，例如鮪類。以在菲律賓和印尼海域中出現的鮪類為例，科學家判斷這些鮪類係來自於麥克羅尼西亞(Micronesia)、巴布亞新幾內亞(Papua New Guinea)、甚至更加向東達中部太平洋之處。[7]

無可置疑地，在這種豐富的漁業資源蘊藏之下，對於南海週邊國人民的日常生活造成極為深遠的影響，因為漁業資源是這些國家國民日常食物中極為重要的來源，同時成為經濟活動的重要因素，更是就業市場的重要結構。

若是爭端國家間持續的進行島礁爭奪戰，則不但耗費龐大的國內資源，也會為此一地區帶來不穩定的因素。因此，若能採取共同開發的作法，則不僅能有效地利用海洋內的資源，也可符合國際法中「不以武力解決爭端」的規範。然而，近年來發生在東南亞的金融風暴，已經使得若干金融體質較

---

[6] Isa and Noordin, *supra* note 4, pp. 4-6; A. Dwiponggo, "Project Proposal on Regional Fisheries Stock Assessment in the South China Sea," Paper presented at the Second Working Group Meeting on Resource Assessment and Ways of Development in the South China Sea, Jakarta, Indonesia, 5-6 July 1993, p. 1.

[7] Francis T. Christy, Jr., ed., *Law of the Sea: Problems of Conflict and Management of Fisheries in Southeast Asia,* Proceedings of the ICLARM/ISEAS Workshop on the Law of the Sea, Manila, Philippines, 26-29 November 1978, p. xiv.

差、或是不健全的國家遭受到嚴重的經濟衝擊，[8] 在面對開發南海資源，特別是資金需求龐大的石油天然氣探勘工程方面，更加顯得力不從心。

第二節　碳氫化合物資源的爭奪

碳氫化合物資源可說是南海區域中最具有吸引力及最重要的資源，除了著眼於此種資源的高度商業價值之外，能源安全更是不可或缺的考慮因素。以我國來說，石油幾乎佔了我國能源消耗的一半，[9] 加上國內極度稀少的石油開採量，[10] 幾乎完全依賴進口石油。西元 2000 年的統計指出，中共雖然日產 478 萬桶原油，但是在需求上遠超過此一供應，因此目前是世界第二大石油進口國，僅次於美國與日本。預估到 2020 年時，中共每日對石油的需求將達一千零五萬桶，屆時將超越日本，成為世界第二大石油進口國。[11]

---

[8]　在南沙爭端國中，菲律賓和馬來西亞受到一九九七年夏天以來金融風暴的嚴厲考驗。而若就參與「處理南海潛在衝突研討會」的國家來說，印尼與泰國則又是受到金融風暴嚴重影響的國家。

[9]　依據美國能源部能源資訊署 (Energy Information Administration (EIA), Department of Energy)的資料，我國在各種能源消耗的組合約為：石油佔 49%、媒佔 32%、核能佔 11%、天然氣佔 6%、水力發電佔 3%。EIA, Taiwan Country Analysis Brief, http://www.eia.doe.gov/emeu/cabs/taiwan.html，上網檢視日期：2002 年 9 月 1 日。

[10]　目前每日原油產量尚不及 1,000 桶。見 EIA，同前註。

[11]　EIA, China Country Analysis Brief, http://www.eia.doe.gov/emeu/cabs/china.html，上網檢視日期：

　　就東南亞國家來說，印尼是一主要的石油天然氣輸出國，印尼目前日產原油約 145 萬桶，並經證實有約達五十億桶的石油蘊藏量，因此石油對於印尼的國內經濟有相當大的影響。不過印尼現所遭遇的問題是其國內中央與地方對於石油開採利益的分配有所爭執，特別是產油的地方政府認為利益分配不均，紛紛向中央要求改善。[12] 馬來西亞現約日產原油 659,205 桶，並有約達三十億桶的石油蘊藏量，在東南亞金融風暴後經濟逐漸復甦的狀況下，估計到 2010 年前，馬來西亞將會成為另一石油進口國。[13] 就 2001 年的統計來看，菲律賓日產 8,460 桶原油，但卻平均每日需求 356,000 桶，因此菲律賓是一高度依賴石油進口的國家。[14] 至於泰國雖然擁有 5 億 1 千 6 百萬桶原油的蘊藏量，但是在日產 175,027 桶原油，卻日消耗 715,000 桶原油的情形之下，亦為

2002 年 9 月 1 日。另有報導指出，中共在過去四年來對於石油的需求量大幅增加，每年增幅少則一倍，多則三倍有奇。見劉屏，「影響亞太安全的潛在危機」，*中國時報*（民國 91 年 7 月 16 日），第 10 版。

[12]　EIA, Indonesia Country Analysis Brief, http://www.eia.doe.gov/emeu/cabs/indonesia.html，上網檢視日期：2002 年 9 月 1 日。

[13]　EIA, Malaysia Country Analysis Brief, http://www.eia.doe.gov/emeu/cabs/malaysia.html，上網檢視日期：2002 年 9 月 1 日。

[14]　EIA, Philippines Country Analysis Brief, http://www.eia.doe.gov/emeu/cabs/philippi.html，上網檢視日期：2002 年 9 月 1 日。

一個標準的石油輸入國。[15] 越南擁有 6 億桶原油的蘊藏量，同時每日淨輸出原油 133,000 桶，因此石油輸出成為越南賺取外匯的重要產業。[16]

　　以上為由各環南海國家的國內石油生產與消耗量來觀察該國對石油的依賴程度，若由南海海域的整體觀點出發，則有若干已經出現對此一海域中可能之石油蘊藏量的粗略統計。舉例來說，巽他礁層(Sunda Shelf)、沙胡礁層(Sahul Shelf)、麻六甲海峽、南海南部、巽他海域、爪哇海域皆為重要的碳氫化合物蘊藏及開發地，[17] 然而實際的蘊藏量仍未獲得詳細的統計。

　　此外，根據中國大陸的官方調查，環南沙群島周圍大陸礁層的碳氫化合物蘊藏量，天然氣約有二百五十億立方公尺，一千零五十億桶的原油，此外，曾母暗沙海域則估計約

---

[15]　EIA, Thailand Country Analysis Brief, http://www.eia.doe.gov/emeu/cabs/thailand.html，上網檢視日期：2002 年 9 月 1 日。

[16]　EIA, Vietnam Country Analysis Brief, http://www.eia.doe.gov/emeu/cabs/vietnam.html，上網檢視日期：2002 年 9 月 1 日。

[17]　E. P. DuBois, "Review of Principal Hydrocarbon-Bearing Basins of the South China Sea Area." In Mark Valencia, ed., *The South China Sea: Hydrocarbon Potential and Possibilities of Joint Development* (New York: Pergamon Press, 1981); Mark Valencia, *Southeast Asian Seas: Oil under Troubled Waters: Hydrocarbon Potential, Jurisdictional Issues, and International Relations* (Kuala Lumpur and Singapore: Oxford University Press, 1985), pp. 81-83; D. M. Johnston and Mark J. Valencia, *Pacific Ocean Boundary Problems: Status and Solutions* (Dordrecht: Martinus Nijhoff Publishers, 1991), pp. 121-122.

有九百一十億桶的原油蘊藏量。[18] 亞洲開發銀行的研究也提出，在尼多(Nido)、馬丁洛(Matinloc)、和卡德勞(Cadlao)外海處估計仍有一億至五億桶原油可待開發，甚至在以上海域之外，仍有可能再添一處高達十億桶原油的蘊藏地。[19]

　　就以上之敘述，可以將南海週邊國家對石油及天然氣之需求，和南海與其他地區在這類資源方面的生產狀況整理成《表2-2》及《表2-3》。

　　因此不可忽略的事實是，由於南海海域在石油及天然氣蘊藏量的估計上有其誘人之處，又因環南海各國國內對於石油資源的需求，使得各國努力於資源的取得，其最直接的方式即在於對島礁的佔領，並進而將其探勘與開發資源的權利向外擴張。

---

[18] Garver, "China's Push through the South China Sea: The Interaction of Bureaucratic and National Interests," 132 *China Quarterly* (1992), p. 1015; *Xinhua* Press, Beijing, 31 December 1988, cited from Bradford L. Thomas, "The Spratly Islands Imbroglio: A Tangled Web of Conflict," in International Boundaries Research Unit, *International Boundaries and Boundary Conflict Resolution 1989 Conference Proceedings* (1990), p. 421.

[19] H. C. Ferndandez, *The Philippines 200-Mile Economic Zone* (Secretarial to the Cabinet Commission on the Law of the Sea by the Development Academy of the Philippine Press: Manila, 1982), p. 75.

表 2-2　環南海各國石油相關資料

	石油蘊藏量（單位：十億桶）	石油生產量（桶/日）
汶萊	1.4	195,000
中國大陸	1(估計)	273,000
印尼	0.2(估計)	215,000
馬來西亞	3.0	750,205
菲律賓	0.2	9,460
台灣	<0.01	3,300
泰國	0.5	175,027
越南	0.6	356,745
總計	**6.9(估計)**	**1,977,737**

資料來源：EIA, South China Sea Tables,

　　　　http://www.eia.doe.gov/cabs/schinatab.html，上網檢視日

　　　　期：2002 年 9 月 1 日。

表 2-3　各產油區域相關資料比較

	石油蘊藏量（單位：十億桶）	天然氣蘊藏量（單位：兆平方呎）	石油生產量（百萬桶／日）	天然氣生產量（兆平方呎／年）
裏海區域	16.9-33.3	177-182	1.1	2.1
北海區域	15.9	147.2	6.6	9.3
波斯灣	674.0	1,918.0	21.1	6.8
南海	6.9(估計)	136.9(估計)	2.0	2.5

資料來源：EIA, South China Sea Tables,

　　　　http://www.eia.doe.gov/cabs/schinatab.html，上網檢視日

　　　　期：2002 年 9 月 1 日

第三節　海線安全的掌控

由於南海向為重要的海運交通要道，而且一直是全球海運最繁忙的海上交通路線，使得位於此一海域的島嶼以及海峽被視為具有戰略上的重要價值。就過去的歷史來看，二次世界大戰期間，日本曾經利用南沙群島作為其進攻菲律賓的跳板，這段歷史使得菲律賓相信掌握南沙群島對於其國家安全絕對具有戰略上的意義，同時，在海岸外掌握這一群島，對於打擊走私犯罪也可具有優勢。[20]

而海峽所具有的戰略意義就更加凸顯了，因為掌控海峽不僅意味著控制海運影響國際商業的運作，[21] 更使得掌控海峽的國家能夠擁有更大規模的影響力。[22] 此種情形在南海來說，更是清楚。經由麻六甲海峽、巽他海峽和龍目海峽(Lombok Strait)的連接，溝通了太平洋和印度洋，而印尼正

---

[20] Ferndandez, *ibid.,* p. 76; A. M. Tolentino, *The Philippines and the Law of the Sea: A Collection of Articles, Statements, and Speeches* (1982), p. 24; Gerardo M. C. Valero, "Spratly Archipelago Dispute: Is the Question of Sovereignty Still Relevant?" 18 *Marine Policy* (1994), p. 342.

[21] Lee Yong Leng, *Southeast Asia and the Law of the Sea* (Singapore: Singapore University Press, 1978), p. 20; Choon-ho Park, *East Asia and the Law of the Sea* (Seoul: Seoul National University Press, 1983), p. 182; Mark Valencia and James Barney Marsh, "Access to Straits and Sealanes in Southeast Asian Seas: Legal, Economic, and Strategic Considerations," 16 *Journal of Maritime Law and Commerce* (1985), pp. 537-542.

[22] Joseph Morgan, "Marine Regions and Regionalism in South-East Asia," 8 *Marine Policy* (1984), pp. 302, 307-309; Valencia and Marsh, *ibid.*, pp. 542-549.

是掌控前述重要交通航線的範例，這些海峽為印尼帶來了重要且長期的利益。但無論如何，這些航道皆須經過印尼所掌控的海峽及海域，因此印尼也就具有了掌控航道的海線安全之權利與便利性。[23]

　　由《圖 2-1》可以看出兩條穿越南海，連結歐洲、中東和亞洲的主要航道。航道一穿越麻六甲海峽，通過南沙群島，北走台灣海峽至台灣、中國大陸、南韓或日本，或穿過巴士海峽經太平洋至美洲大陸，這條航線每日約有二百七十艘或每年約有十萬艘的船舶通過，航道二則具有疏解麻六甲海峽繁忙交通的作用。[24] 以麻六甲海峽為例，一九九九年時每年約有 1030 萬桶原油通過麻六甲海峽，而隨著經濟狀況的改善，此一數字只會上升。[25] 同時，通過麻六甲海峽前往通過南海的原油數量是通過蘇彝士運河的三倍，亦為通過巴拿馬運河的十五倍。[26] 這些石油多是由中東地區、非洲與東南亞等地運載石油後運往台灣、日本和南韓，提供這些國家工業運轉所需之能源。因此關閉麻六甲海峽將會直接影響到全球的船運費用，而此種影響將會反映在運送貨物的價格

---

[23] John McBeth, "Indonesia: Water of Strife: Washington opposes proposed sea-lane rules," *Far Eastern Economic Review* (29 February 1996), p. 30.

[24] John McBeth, "Troubled Waters: Proposed Sea Lanes Spark Concern," *Far Eastern Economic Review* (29 December 1994), pp. 18-19.

[25] EIA, South China Sea Regional Country Analysis Brief, http://www.eia.doe.gov/emeu/cabs/schina.html.

[26] *Ibid.*

上。[27] 除此之外，澳洲也極度依賴龍目海峽作為其運送商業物資的通道，特別是運送鐵礦砂至中國大陸。[28] 因此海峽管理制度上的改變，將會引起經濟秩序的變化。

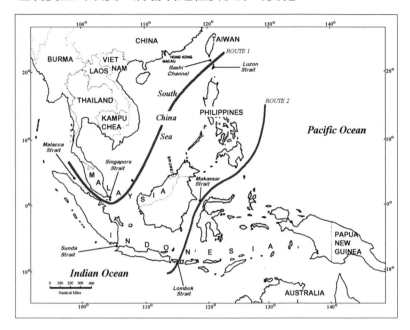

圖2-1　南海海道說明圖

資料來源：參考自 J. Morgan and M. Valencia, eds., *Atlas for Marine Policy in Southeast Asian Seas* (University of California Press: Berkeley, California, 1983). 並經筆者加以修正。

---

[27]　John H. Noer, "Southeast Asian Chokepoints: Keeping Sea Lines Communication Open," 98 *Strategic Forum* (December 1996), at http://www.ndu.edu/inss/strforum/forum98.html. 上網檢視日期：2002 年 8 月 30 日。

[28]　*Ibid.*

　　由於前述的戰略安全意涵，南海在冷戰時期一直是美蘇兩大強權的角力場所，這由美國向菲律賓租用克拉克空軍基地和蘇比克灣海軍基地，蘇聯同時與越南進行軍事合作一事可以看出。然而，隨著蘇聯的解體以及無力維持向外擴張的作法，和美軍於一九九二年十月撤出菲律賓的基地，[29] 南海海域甚至是東南亞區域出現了所謂「權力真空」的現象。對於此一區域內的國家來說，尋求軍事能力的增強以確保其國家利益成為重要的努力方向，無可避免地，擴張軍購以及掌握諸如海峽一般的戰略要地成為達成此一目標的重要手段，雖然在二十世紀末葉發生的金融風暴對於前者手段造成影響，但是後者的作法一直未有改變。

第四節　本章小結

　　本書主要係在探討「共同開發」與解決南海紛爭之間的關係，因此在本章中直接切入討論觸發南海紛爭的幾項因素，筆者將其區分為三大影響因素，分別為：生物資源、非生物資源和戰略地點的掌控。由討論中應可發現生物資源不僅為週邊國人民日常食物中重要的蛋白質來源，同時漁業的各個階層也構成了各國國民的重要就業市場；而非生物資源中的石油天然氣已然構成各國工業的推動劑。至於島嶼所具

29　Greene, Fred, ed., *The Philippine Bases: Negotiating for the Future* (Council on Foreign Relations: New York, 1988); Sheldon W. Simon, "U.S. Interests in Southeast Asia: The Future Military Presence," 31 *Asian Survey* (1991), p. 662; Philip Bowring and John McBeth, "Basis of Dependence," *Far Eastern Economic Review* (12 April 1990), pp. 20-23.

有的戰略地位，則無論由歷史或現代的海線交通來看，都有極端的重要性。

　　當前國際社會對於「安全」的定義已由狹義的軍事安全擴大到涵蓋政治安全、經濟安全、社會安全、軍事安全和環境安全等層面，而南海諸島礁對於週邊國來說，實可滿足各個安全的層面，這也應可解釋為何南海週邊國汲汲於對諸島礁伸展其權利了。

第三章　南海海域進行共同開發之分析

　　目前東沙群島為我國軍所駐守，西沙群島在中共的控制之下，中沙群島／暗礁則常年淹沒在海平面之下，南沙群島則被週邊國利用種種的國際法原則（例如，先占、歷史主張、發現等原則）所瓜分。其佔領島礁的目的雖然有國防安全上的考量，不過島礁周圍所能涵蓋的生物與非生物資源卻是更為重要的誘因。但在島嶼主權無法劃分的情形之下，遂有「共同開發資源」的建議提出。

　　雖然目前南海海域中已經有若干正在進行的實際案例，不過基本上這些案例所涉及的爭端國僅為兩國，而且多為石油天然氣資源的開發事務。同時到目前為止，南海週邊國對於涉及多方的「共同開發」一直表現出口惠而不實的情形。本章即在介紹目前所提出的共同開發建議，包括了國家領導人的提議、學者的研究建議、以及所提出的理論，並由若干國際法的規則切入，探討共同開發的國際法律觀。

　　筆者認為無論「共同開發(joint development)」或是「共同合作(joint cooperation)」的內涵應為爭端國同意擱置（或凍結）主權上的爭議，共同致力於管轄權重疊海域內資源的探勘、開發、養護與管理。但須注意的是，共同開發必須不影響爭端當事國在紛爭中的各自立場，並且不損及未來劃界的考量以及可能性。

第一節　共同開發之擬議

一、馬來西亞的提議

　　一九八九年時，一些馬來西亞政府官員建議各爭端國在南沙群島成立一個共同管理制度，針對爭端國共同利益事項進行討論，或者可以採用一九五九年南極條約的模式，由相關國家共同草擬一份「南沙條約」，以利於南沙爭端的解決。[1]

　　馬來西亞學者 B. A. Hamzah[2]接著在一九九〇至一九九一年期間中提出解決南海爭端的建議，雖未必直接涉及共同開發的進行及步驟，但仍可歸納出若干值得吾人思考之處：

一、南海爭端相關國家之間應致力於建立信心措施(confidence-building measures)，因為信心建立措施可以有效地限制因爭端而可能帶來的傷害，同時各爭端國也可以增進彼此間的信任。而所謂的信心建立措施，其範圍包括了不以使用武力作為國家的政策工具、盡一切手

---

[1]　Ji Guoxing, "China's Prospective Relations with ASEAN Countries after the Kampuchean Settlement," 21:3 *The Korean Journal of International Studies* (1990).

[2]　B. A. Hamzah 在發表此一意見時，其職務為馬來西亞外交政策研究局(Bureau of Foreign Policy Studies)戰略與國際研究中心(Institute of Strategic and International Studies，簡稱 ISIS)副秘書長。在此之前，Hamzah 曾經服務於馬國國防部國防學院(Malaysian Armed Forces Defence College, Ministry of Defence)，Hamzah 現為馬來西亞國家海洋委員會(National Maritime Council)之外圍研究機構「馬來西亞海洋事務研究所(Malaysian institute of Maritime Affairs, MIMA)的秘書長。因此，其個人所發表之學術見解應具有相當的政府政策色彩。

段避免升高緊張情勢、軍事活動透明化、停止一切佔領或兼併島礁的活動、承認各國佔領島礁的現狀並不至於傷害到各國長久的國家利益、禁止各國在爭端區域內軍事擴張行為、協調和一致各國間軍事活動程序，以降低可能的軍事衝突、不在衝突區中部署核子武器等。[3]

二、一九五九年南極條約(Antarctic Treaty)中所論及的若干原則或許可以適用在南海爭端中，譬如限定簽約國僅能從事科學研究，同時所有具有軍事性質的措施均在禁止之列、南極條約的簽約國可以自由進入(free access)其他簽約國在南極大陸的科學站中，彼此間自由交換科學研究活動的資訊，並且經常性的舉行會議，如此可以確保各簽約國在此一地區內活動的透明度。[4]

三、建議成立共同開發機構(joint development authority)，並以此機構解決南沙群島管轄權重疊所產生的問題。在此一機構中，相關國家各自設立組織，除相互連結構成區域性的架構之外，並且成為代表各國的聯絡點(focal point)。在執行上，此一機構每半年舉行會議，以討論未來合作的方向。同時若以功能性的合作來做為解決爭端的手段，則此一機構可以推動諸如航行安全、海洋科學研究、海上救難、反制毒品走私、海洋環境保護、海洋生物與非生物資源管理、打擊海盜等合作項目，甚至

---

[3] B. A. Hamzah, *The Spratlies: What Can be Done to Enhance Confidence* (Malaysia: Institute of Strategic and International Sutdies, 1990), pp. 14-16

[4] *Ibid.*, pp. 18-21.

擴及領域與管轄權的議題。[5]

顯然 Hamzah 的提議至此為止仍屬於原則性的階段,但值得注意的是,一九九一年六月時,馬國總理馬哈迪曾經公開表示贊成區域性質的聯合開發活動。[6] 一九九二年八月,馬來西亞國防部長亦表示該國將慎重研究中共關於共同開發的建議,[7] 這些跡象均顯示馬來西亞在處理此一議題上所出現的支持態度。

二、中共的提議

一九九○年八月十三日,中共總理李鵬在訪問新加坡時表示,中共願意暫時將主權問題擱置,並與東南亞國家共同開發南沙群島。[8] 同年十二月中,李鵬在其馬來西亞的訪問中再度表明,中國希望與相關國家進行協商,並以友好方式在適當時間解決南沙問題。而在達到這個階段之前,可以先行擱置這個問題。[9]

一九九一年三月,中共外長錢其琛也表示,中共在擁有南海群島主權的前提之下,願意與有關國家共同開發南海海

---

[5] B. A. Hamzah, "Conflicting Jurisdictional Problems in the Spratlies: Scope for Conflict Resolution," in *Workshop on Managing Potential Conflicts in the South China Sea*, Bandung, Indonesia, 15-18 July 1991.

[6] *中國時報*,民國八十年六月二十二日,第二版。

[7] *大公報*(香港),一九九二年八月二十六日,第三版。

[8] *Far Eastern Economic Review* (30 August 1990), p. 11.

[9] *中央日報*,民國七十九年十二月十九日,第二版。

域的海洋資源。[10] 同年六月八日，中共國家主席楊尚昆在印尼表示，中共一貫主張以和平方式解決國際爭端，並建議由各爭端國對具有爭議的南沙群島進行共同開發。[11] 一九九二年七月二十二日，中共外長錢其琛再度表示，中共重視與各爭端國間的友好關係，不願意因為南沙群島主權的爭執而與各爭端國發生衝突，因此先進行共同開發，待時機成熟時再透過談判途徑解決爭端。[12] 一九九九年九月十五日中共國防部長遲浩田於會見菲律賓海軍司令桑托斯時重申，中共堅持按照「擱置爭議、共同開發」原則，和有關國家開展平等對話，解決南海問題。[13]

　　至於中共學術界對於共同開發的看法，有以「共同開發」為解決南沙爭端的方式者，例如當時任中共國家海洋局國家海洋戰略研究所副所長的陳德恭即認為國際間已經存有成功的共同開發實踐，因此可以做為解決南沙爭端的參考作法。他說：[14]

在南海，特別是南沙群島海域進行諸鄰國間的區域合作，…有助於與鄰國發展友好關係並最終促進我南沙群島

---

[10]　*聯合報*，民國八十年六月九日，第一版。

[11]　*人民日報*，一九九一年六月八日，第二版；*自由時報*，民國八十年六月九日，第十一版。

[12]　*聯合報*，民國八十一年七月二十三日，第十九版。

[13]　中央社，台北民國八十八年九月十五日電。

[14]　陳德恭，「維護南沙群島主權和資源共同開發與區域合作」，*南海諸島學術討論會論文選編*（北京：國家海洋局海洋發展戰略研究所，一九九二年三月），頁 170。

領土主權爭議的解決，也為在國際上採用和平解決爭端提供一個範例。

也有將「共同開發」視為策略者，例如中共海軍軍事學術研究所的申長敬就表示：[15]

面對南沙的戰略情勢，我國提出「主權歸我，共同開發」的設想，實際上是一個政治策略。…

我國提出的「主權歸我，共同開發」南沙群島的設想，充分體現了和平的誠意，也體現了用和平方式解決南沙問題。我們認為以此可以與有關國家舉行談判，商談開發的區域和原則，共同投資的問題，開發收益的比例分配問題，也可以在向我國交納管理費或租金費之後，在「共同開發」區域內引進外資進行開發，其目的是使南沙的豐富資源為我國「四化」建設服務，有關國家也能夠得到一定的經濟利益。

由此看來，中共在面對南海糾紛之解決時，固然出現「共同開發」之提議，但是究竟是有意開發區域中的資源，還是以共同開發做為手段，則仍待觀察與驗證。雖然中共外交部在其網站中針對共同開發有如後之陳述：「中國政府還提出『擱置爭議、共同開發』的主張，願意在爭議解決前，同有關國家暫時擱置爭議，開展合作。中國政府不僅是這樣主張的，也是這樣做的。」[16]

---

[15] 申長敬，「南海戰略形勢與共同開發研究」，*南海諸島學術討論會論文選編*（北京：國家海洋局海洋發展戰略研究所，一九九二年三月），頁 45-46。

[16] 見 http://www.fmprc.gov.cn/chn/6000.html，上網檢視日期：2002

三、中華民國的提議

　　一九九一年六月，內政部長吳伯雄表示，我國共同開發南海的立場乃是在不影響國家主權的前提之下，以透過國際合作的方式，進行資源的開發。[17] 一九九二年五月，內政部長吳伯雄在東沙島主持建碑儀式時指出，在堅持領土主權的前提之下，我國不排除透過國際社會安排，共同開發南海海域的資源。[18] 同年七月二十二日，內政部政務次長陳孟鈴進一步表示我國對南沙群島爭端所採取的立場是主權屬我，和平解決國際爭端，鼓勵相關國家共同開發資源。[19] 至於我國是否會與中共進行共同開發？陸委會在同年七月二十四日表示與中共共同開發任何地區的工作，乃是屬於國家統一綱領的中程階段，在目前討論兩岸共同開發南海資源的時機尚未成熟。[20] 而共同開發的合作對象，據內政部地政司司長王杏泉表示，會將區域外的國家納入考慮。[21]

　　一九九三年四月，中華民國行政院在其公布的「南海政策綱領」中之前言部分明確表示：

> 南沙群島、西沙群島、中沙群島及東沙群島，無論就歷史、地理、國際法及事實，向為我國固有領土之一部分，其主

年 4 月 11 日。

[17] 　*中國時報*，民國八十年六月二十二日，第二版。

[18] 　*聯合報*，民國八十一年五月二十六日，第四版。

[19] 　*中國時報*，民國八十一年七月二十三日，第四版。

[20] 　*中央日報*，民國八十一年七月二十五日，第三版。

[21] 　*自立早報*，民國八十一年八月十六日，第五版。

權屬於我國。

南海歷史性水域界線內之海域為我國管轄之海域，我國擁有一切權益。我國政府願在和平理性的基礎上，及維護我國主權原則下，開發此一海域，並願依國際法及聯合國憲章和平解決爭端。

一九九三年九月，在內政部主辦的南海問題研討會中，內政部長吳伯雄指出，在不影響我國主權原則下，可以透過和平理性的協商，進行國際合作，共同開發南海資源及維護生態環境。[22]

一九九五年內，李前總統登輝曾經在不同的場合中表達了我國對於共同開發南海資源源的看法。三月中旬，李前總統表示：凡牽涉南海群島U形線水域之內的爭端，我國堅持主權的立場絕不改變；支持任何此區域內以和平方式解決爭端的作法；反對任何引發爭端的挑釁行為；為解決南海地區各相關國家主權的爭議，倡議共同開發的主張，邀集有關國家共同集資，籌設國際開發公司，暫時擱置主權爭議，共同開發當地資源，而盈餘所得提供各國作為基礎建設基金；為共同經濟利益取代軍事之爭，透過對話方式解決彼此紛爭，以最少的軍力確保區域安全，將是化解南海緊張局勢的最佳方式。[23] 四月十一日，李前總統表示不願見到南海地區有任

---

[22] 見內政部長吳伯雄於南海問題研討會開幕致詞，民國八十二年九月六日。

[23] 宋燕輝，「南海會議與中華民國之參與：回顧與展望」，發表於國策中心第四屆國防管理研討會《我國應有的南海戰略》之論文，台北，八十四年十二月二十三日，表三。

何軍事衝突發生，而最好的解決方式，是大家誠心以對，採取共同努力、合作的態度，共同開發南海資源。[24] 隔日，李前總統再度重申我國支持以和平方式解決南海爭端，並倡議共同開發的主張，邀集有關國家共同集資，籌設國際開發公司，暫時擱置主權爭議，共同開發當地資源；而盈餘所得則可提供各國做基礎建設基金。[25] 由當時中華民國元首所提出的建議來看，我國有意透過共同開發的實施，以解決所存在的南海紛爭，雖然李前總統提出了較為深入的提議，例如籌設國際開發公司，但是在細節的設計上，仍有需要填補的空間。

此外，行政院南海小組於一九九九年六月召開第六次會議，在該次會議中決議原則同意獎勵民間企業以 BOT 方式興建東沙島及南沙太平島碼頭。[26] 另有資料顯示在該次會議中通過外交部之提議，與中共、越南和菲律賓共同組成國際控股公司，共同參與南海地區主權重疊區合作開發計畫。[27] 不過，詳細計畫內容仍未能清楚公布。

二〇〇〇年十二月二十一日，陳水扁總統前往東沙巡視，指示各部會多支援高雄市政府開發東沙島觀光，並強調

---

[24] 同前註。

[25] *中國時報*，民國八十四年四月十三日，第一版。

[26] 參見內政部地政司網頁：
http://www.moiland.gov.tw/html_file/intro_file/Page_01_04_5.htm
上網檢視日期：2002 年 5 月 20 日。

[27] 宋燕輝，「初探台灣新政府的南海政策」，見
http://www.dsis.org.tw/peaceforum/papers/2000-07/ASP0007001.htm
，上網檢視日期：2001 年 10 月 12 日。

南海群島主權爭議應和平解決，資源共享，並致力維護自然生態。[28] 陳總統的此一動作，可說再度表明了「和平解決爭議，資源共享」的意願。但是看來僅止於意願的宣告，詳細的執行細節則仍不清楚。

四、Mark J. Valencia 之「南沙公約」提議

對南海問題有多年研究經驗的美國夏威夷東西文化中心研究員 Mark J. Valencia，一九九四年時，在著名政論刊物「遠東經濟評論(Far Eastern Economic Review)」中，以一篇短文提出了他對解決南沙爭端的構想。[29] Valencia 的構想前提係建構在相關國家同意南沙群島非軍事化和同意擱置主權的假設上，接著相關爭端國組成一個多國性的南沙開發機構，該機構負責探採爭端海域的資源，解決該爭端海域使用者之間的衝突，並負責漁業管理、環境維護、海洋科學研究、海洋生態環境保護等事項。為了要能使該機構成立並且有效的運作，Valencia 建議海峽兩岸放棄對南海海域的 U 形線歷史性主張，以之換取兩岸在該機構中百分之五十一的股權；發生爭議的南沙各島礁主權交與各現有佔領國、或者依照衡平原則分配合給各相關國家；其他國家可被允許進入各島礁從事科學研究及開採資源，但任何活動均不得有軍事目的。

一九九七年時，Valencia 與另外兩位學者共同完成一份

28　*聯合報*，民國八十九年十二月二十二日，第六版。

29　Mark J. Valencia, "A Spratly Solution," *Far Eastern Economic Review* (31 March 1994), p. 30.

著作，[30] 其乃係將前述一九九四年所發表之文章加以擴大，再行提出南海海域共同開發的建議。由於該建議案是目前為止結構上比較詳細的提案，故在此有必要加以介紹。

Valencia 建議設立一個「南海管理機構(Spratly Management Authority)」，成立該機構的目的在尊重各相關國家的主權主張，亦即這些主張並未被拋棄，同時，「南海管理機構」旨在加強對資源的探勘、開發、與管理。因此，可操作的主權(operational sovereignty)或許會縮減，但是正式的主權(formal sovereignty)卻絲毫不受影響。[31] 依據 Valencia 的構想，該「南海管理機構」之組織體系如《表 3-1》。[32]

關於「議會(Council)」部分的組成份子，Valencia 提出三個建議：第一、限定於南海島嶼主權主張國；第二、加入非南海島嶼主張國，但為南海週邊國；第三、除前述兩類組成之外，另再加入若干有利益相關的海洋國家，例如美國、歐盟、日本、俄羅斯、及南韓等，然而這些國家在共同開發事務的決議過程中，是否能具有表決權，則仍待商榷。[33]

在決策的制訂上，Valencia 則提出三種方式：共識決、加權計票制(allocation of voting shares 或 weighted voting)，依據會員國各自主張中海岸線長度或是原始主張範圍之比例，

---

[30] Mark J. Valencia, Jon M. von Dyke, and Noel A. Ludwig, *Sharing the Resources of the South China Sea* (London: Martinus Nijhoff Pubishers, 1997).

[31] *Ibid.*, pp. 215-216.

[32] *Ibid.*, p. 207, Figure 7.

[33] *Ibid.*, p. 208.

例，加以計算出各方的投票比重；最後是特殊利益投票制
(special weights)，此乃尊重某些會員國在地理環境上的特殊
利益，亦即享有特殊利益會員國之投票可以構成否決的效
果。[34]

五、Hasjim Djalal 之提議

由印尼出面主辦，加拿大國際開發署(Canadian
International Development Agency，簡稱 CIDA)出資協助，自
一九九○年開始召開一年一度的「處理南海潛在衝突研討
會」，至今（二○○二）年已經舉行過十一屆。除了第一屆
限定由東南亞國協的六個會員國參加外，自第二屆起參與國
家擴大邀請我國、中共、越南等國。而該會議的主導者，也
是會議的靈魂人物，是印尼的無任所大使 Hasjim Djalal。

在 Djalal 的主導下，該研討會的會議內容係為非官方，
並且不涉及領土主權議題，出席國家代表也均以「參與者
(participants)」稱之。會議最主要的目的在如何使南海週邊
國經由合作，化解彼此之間的潛在衝突，甚至能獲得爭端的
最終解決。然而，也因為會議強調非正式性(informal)，使得
各國政府對於研討會的最後結論和建議保有極大的自由裁
量空間，這也使得研討會的結論一直無法有明顯的進展。印
尼外交部長 Ali Alatas 在其近年的開幕致詞中一再期盼研討
會能夠「起而行」，[35] Mark J. Valencia 也對研討會的進行成

---

[34] *Ibid*., pp. 208-209, 214-215.
[35] 見 Ali Alatas 在第八屆與第九屆開幕致詞。

表 3-1 M.Valencia 提議「南海管理機構」組織體系表

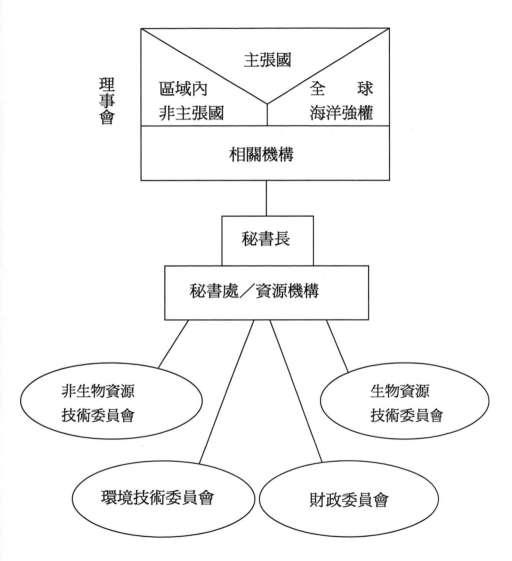

效不滿，他認為研討會的議題已經失去了焦點，而中共更是利用會議本身鬆散的結構，一方面參與會議，一方面在南沙群島進行實質的新佔領行為。[36]

　　Djalal 在多次公開的會議中提議，由我國、中共、越南與菲律賓四國在南沙群島北邊的島礁區域以經緯度畫出一塊區域，由該四國共同進行合作。合作事項可以由最不具爭議的項目開始，例如海洋科學研究、海洋環境保護、海洋公園的開發、共同生態觀光、共同致力於海難搜救行動、提供漁民避難所、為航行安全所進行的聯合海岸與水文測量、共同打擊海盜與毒品貿易、以及其他所同意的合作事項。若能順利進行，在進一步的階段中或可考慮進行資源項目的探勘與開發。Djalal 在其一篇發表的文章中條列了他對此一共同開發觀念的看法：[37]

第一、由南海爭端相關國所發表的聲明觀之，進行共同開發或共同合作的區域應當包括相關的各方，然而由過去的經驗來看，共同開發的區域可以由相對較小與涉及各方較少的程度開始。

---

[36]　Mark J. Valencia, *et al*., supra note 30, pp. 129-132. 中共自一九九五年上半年起佔領並發展美濟礁(Mischief Reef)的行動，除了直接與菲律賓發生衝突之外，也部分地驗證了 Valencia 的論點。

[37]　Hasjim Djalal, "The Relevance of the Concept of Joint Development to Maritime Disputes in the South China Sea," paper presented at the Second Meeting of the Study Group on Zones of Cooperation, Bali, Indonesia, June 27 – July 1, 1999, pp. 9-10. 見王冠雄，*赴印尼參加第二屆南海合作區域研究小組非正式會議報告書*，民國 88 年 7 月，附件十二。

第二、建立共同開發或共同合作的協定應當不損及各自對領
　　　土和管轄之主張，為達此目的，共同開發應由非正式
　　　的協定開始，這可包括了私人性質的商業公司。在此
　　　同時，各自的相關當局或政府能夠持續對領土及管轄
　　　問題進行討論。

第三、共同開發的參與方應為有直接利益關係的各方，並且
　　　能在此一區域中保持存在。

第四、至少在啟始階段，共同合作的項目應由最不具爭議的
　　　項目著手，例如海洋科學研究、海洋環境保護、海洋
　　　公園開發、共同生態觀光、海上聯合搜救行動、對於
　　　遭受危難的漁民提供避難場所、水道與水文之聯合測
　　　量、共同打擊海盜與麻醉藥品交易等。

第五、當整體情況發展許可時，可以慎重考慮下一階段對於
　　　資源之探勘，甚至開發。

第六、進行共同開發的時間可以設定為四十或五十年。

第七、共同開發的概念不應損及聯合國海洋法公約的規範，
　　　特別是關於島嶼、閉海或半閉海、礁石和沙洲。

第八、開發範圍內對於島嶼的佔領行為，不應視為是對其主
　　　權的承認。在相關國家的同意之下，佔領的島礁可為
　　　共同利益所利用。現有在礁石上的設施或設備可在共
　　　同利益下利用，例如提供漁民避難或是進行合作的基
　　　礎。

第九、除非所有各方同意，共同開發或共同合作區之建立應
　　　假定相關各方避免進一步的佔領。

　　　　至於共同合作的型態方面，Djalal 則建議由私人公司或

機構進行，不論該公司或機構與其各自的政府有否關連，如果此一模式可被接受，則四國可以成立聯合公司或機構，並以之進行擬議中的共同合作事項。而為了顧及國際法中對於領土主權的爭議，Djalal 也強調此種共同合作不會影響各國對其所宣稱的島嶼主權。

六、南極條約中凍結主權設計的思考

南海週邊國家（例如馬來西亞）曾經提出仿照南極條約中凍結主權的方式，將之引用到南海紛爭的解決上來。中共就對此一構想大加韃伐，認為凍結主權的結果就會形成對於他國侵佔南海島礁的默認。換句話說，中共擔心因為凍結主權的形式行為造成承認各爭端國佔領島礁的實質意涵。這與中共參與印尼主辦「南海會議」時一再強調該會議之性質為非正式、非官方的態度相一致。[38]

然而依照筆者的探討，南極條約體系的設計，除了「凍結主權」的設計之外，尚有其他的配套措施，方得以使此一設計發揮其功效。

南極條約在國際合作的層面上有若干特殊之處：首先是締約國確立了南極僅供和平用途，任何具有軍事本質的活

---

[38] Valencia 認為中共會支持南極條約中的規範，並且將其擴大至南海海域的合作機制設計中，但是此一過度樂觀的看法顯然不具任何支持之背景。關於 Valencia 的看法，見 Mark J. Valencia, Jon M. Van Dyke and Noel A. Ludwig, *Sharing the Resources of the South China Sea* (The Hague: Martinus Nijhoff Publishers, 1997), p. 180.

動，包括軍事基地，均在禁止之列。[39] 更進一步來說，南極條約也禁止任何核子試爆的活動。[40]

其次，南極條約建立了一個諮詢會議，[41] 換句話說，南極條約所欲建立的並不只是在南極地區活動的規範與原則，更是要在締約國之間建立一個常態性的會議機制，透過這個會議機制，締約國可以就共同關心議題進行討論，並能就各自政府的立場提出建議。而這種諮詢會議機制的設計成功地將締約國結合起來，並且在南極地區實施了共同管轄權。[42]

第三，南極條約所規範的區域範圍限定在南緯六十度以南，[43] 在此一範圍中，任何國家的權利都受到國際法公海制度所保障，不受任何影響或減損。

第四，南極條約將該區域中的法律現狀予以凍結，這一點在南極條約第四條中有所規定：

第四條

一、本條約中之內容不得被解釋成：

（一）任一締約國對其先前在南極主張權利或領土主

---

[39] 南極條約，第一條。

[40] 南極條約，第五條。

[41] 南極條約，第九條。

[42] Van Der Essen, "The Application of the Law of the Sea to the Antarctic Continent," in F. Vicuna, ed., Antartic Rsources Policy: Scientific, Legal and Political Issues (Cambridge: Cambridge University Press, 1983), p. 234.

[43] 南極條約，第六條。

權之放棄；

（二）任一締約國對南極主張領土主權之基礎形成放棄或減損…

（三）損害及任一締約國對其他國家南極主權之主張或基礎的立場。

二、本條約之生效施行並不會構成任何基礎對主張、支持、或否認對南極的領土主權主張，亦不會建立對南極的任何主權權利。本條約生效施行後，不再有任何新的對南極領土主權的主張、或是現存主張的擴充。

本條款的精神即在所謂「不損及主權原則」(principle of non-prejudicing sovereignty)的安排，第一款條文內容的設計相當具有妥協性質，因為現存對南極不同部分的領土主權聲明，為了使南極條約的機制能夠順利推動，必須尊重現有的狀態。因此，維持現狀似是較佳的抉擇。至於第二款的設計，不僅避免締約國將其形式主張轉變成實質主張，也避免了將其主權擴充至其他未經主張的區域中。[44]

因為此種條款的設計，第四條產生了凍結各國主張的力量，這種凍結主張的方式與共同開發的管轄共存制度互相一致，可以有效防止締約國進行任何擴張的行為。[45] 對於原始簽約國來說，南極條約可以達到非軍事化、非核化、和科學

[44] Arthur D. Watts, "The Antartic Treaty as a Conflict Resolution Mechanism," in Polar Research Board, *Antartic Treaty System: An Assessment* (Washington, D. C.: National Academy Press, 1986), pp. 68-69.

[45] B. A. Hamzah, *The Spratlies: What Can be Done to Enhance Confidence* (Malaysia: Institute of Strategic and International Studies, 1990), p. 21.

研究的目的，而且各自對主權的立場也能獲得保障。因此第四條的巧妙設計正可導出南極地區非零和棋局的情況。也因此一設計，使得相關簽約國能夠專心致力於資源開發與科學研究等項目。

因此，南極條約中關於「凍結主權」的設計精神乃在提供所有參與者一個「非擴張」的環境，使得科學研究能夠進行。這種精神或可參考運用在解決南海的糾紛中，雖然南海海域的政治爭端要比南極來得複雜的多。

第二節　共同開發之法律觀

一、主權權利之特性

聯合國海洋法公約規定沿海國在專屬經濟區內有以勘探和開發、養護和管理海床上覆水域和海床及其底土的自然資源為目的之「主權權利」，以及關於在該區從事經濟性開發和勘探的「主權權利」。[46] 很明顯的，在海洋法公約的文字使用上，是採取「主權權利」(sovereign rights)，而非「主權」(sovereignty)。究竟這二者之間有無差異？這是本節所欲探討的重點。

基於主權國家的概念，「沿海國在其領海內享有主權」這種觀念早已為國際社會和國際法所肯定和接受。我們可以由一九五八年領海及鄰接區公約 (Convention on the Territorial Sea and Contiguous Zone) 和一九八二年聯合國海

---

[46] 一九八二年聯合國海洋法公約，第五十六條，第一項，第(a)款。

洋法公約的規定中明顯地看出，尤其是後者更將此觀念表達
得相當完整：

第二條

一、沿海國的主權及於其陸地領土及其內水以外鄰接的一
　　帶海域，在群島國的情形下則及於群島水域以外鄰接
　　的一帶海域，稱為領海。
二、此項主權及於領海的上空及其海床和底土。
三、對於領海的主權的行使受本公約和其他國際法規則的
　　限制。

　　就海洋法公約規範的空間來看，沿海國在其領域範圍內
所享有及所能實施的權利即為「主權」，基於國際社會的實
踐和國際立法的內容，筆者在此將沿海國在其領海內享有主
權的觀念歸納出下列四點：

第一、在領海內行使主權是基於主權國家行使其排他性的國
　　　家職權之結果，沿海國可以依其需要制定各種法律和
　　　規章，因此這種權利之行使，偏向政治性的層面。例
　　　如我國在「中華民國領海及鄰接區法」中即規定制訂
　　　外國船舶無害通過中華民國領海之管理辦法、[47]外國
　　　核動力船舶、載運核物質或其他有害物質之船舶通過
　　　中華民國領海許可與監管辦法、[48]制訂海道或分道通
　　　航制[49]等關於執行國家主權意涵之法令。

---

[47]　中華民國領海及鄰接區法，第七條第五項。

[48]　中華民國領海及鄰接區法，第九條。

[49]　中華民國領海及鄰接區法，第十二條第二項。

第二、此種主權的行使範圍包括了領海水體部分、領海上空、及其海床和底土，[50]也就是在沿海國領海範圍以內整個的立體空間。

第三、沿海國在領海中主權的行使除了受到海洋法公約及其他國際法某些規則的限制之外，[51] 此種權利之行使就如同美國聯邦最高法院大法官馬歇爾(C. J. Marshall)在「交換號帆船」案(Schooner Exchange v. McFadden, 1812)中所表示之「必然是排他的和絕對的，而且絕不受任何外在因素之限制。」[52]

第四、在領海中行使主權所及於的客體包括所有的人、事、物。

　　至於對「主權權利」這一名詞的討論，筆者認為應當將其環境限定在海洋法的領域中，因為在一般的國際法討論裡，「主權(sovereignty)」和「主權權利(sovereign rights)」經常會被混雜使用。

　　「主權權利」最早出現在一九五八年的大陸礁層公約(Convention on the Continental Shelf)中，依據該公約第二條之規定，沿海國為探測大陸礁層及開發其天然資源之目的，得對大陸礁層行使「主權上權利」。事實上，這一名詞之被

---

[50]　海洋法公約，第二條第二項。

[51]　如其他國家在沿海國的領海內享有無害通過權(right of innocent passage)

[52]　Wolfgang G. Friedmann, Oliver J. Lissitzyn and Richard C. Pugh, *Cases and Materials on International Law* (Minn.: West Publishing Co., 1969), p. 471.

使用，並非出於偶然，而是經過聯合國國際法委員會 (International Law Commission)詳細討論後定案的。

在國際法委員會於一九五一年所提出的海洋法草案中，將關於沿海國在大陸礁層中所享有的權利稱之為「控制與管轄」(control and jurisdiction)，且行使此種權利之目的在於開發大陸礁層中之自然資源，[53] 這是參考自美國總統杜魯門於一九四五年發表之宣言所作成。本書在第一章中即已說明美國杜魯門總統的宣言所強調的是「控制與管轄」，並非「主權」的性質。然而後續的發展，卻並不是延續此一基調進行。例如巴拿馬於一九四六年的宣言主張對整個大陸礁層的主權，阿根廷於同年所宣布的「覆蓋大陸之海 (epicontinental sea)」和大陸礁層皆隸屬於其主權之控制下。[54] 即使在地質構造上缺乏大陸礁層地形的秘魯和智利兩國，也於一九四七年先後宣布對海岸外兩百浬的海床和底土，甚至上空，均擁有主權。[55] 一九五二年八月，秘魯、智利和厄瓜多共同發表「聖地牙哥宣言」，主張對於鄰接其海

---

[53] 原文為：

"The Continental Shelf is subject to the exercise by the coastal State of *control and jurisdiction* for the purpose of exploiting its natural resources."（斜體字部分為筆者所加）引自 Marjorie M. Whiteman, "Conference on the Law of the Sea: Convention on the Continental Shelf," 52 *American Journal of International Law* (1958), p. 635.

[54] *Supra* note 52, p. 561.

[55] Peter Malanczuk, *Akehurst's Modern Introduction to International Law*, 7th Revised Edition (London and New York: Routledge, 1997), p. 191.

岸至少兩百浬的一片海域擁有「專有的主權和管轄權(sole sovereignty and jurisdiction)」。[56] 在這一時期裡，中南美洲國家所實施的政策，明顯地企圖在國家主權的主張和海洋資源的利用二者之間尋找一個連結點。透過這個連結，達成完全掌握鄰近海洋區域內資源開發權利的目的。

　　在一九五三年的海洋法草案中，「控制與管轄」一詞被改成「主權上權利」，[57] 並在一九五八年聯合國第一屆海洋法會議中所採納使用。國際法委員會與第一屆海洋法會議都想避免使用「主權」這個名詞，因為如使用「主權」，恐會在文字的解釋上遭遇困擾，同時也可能在權利的內容上出現混淆，因此在大陸礁層公約中採用了這個名詞，並且在接續的條文中明白指出，沿海國對於大陸礁層之權利並不影響海水上空之法律地位，如此一來，更加擴大了「主權權利」與「主權」之間的相異性，[58] 這種設計的概念也出現在第三屆海洋法會議的討論過程與被應用在海洋法公約條文的規範中。

---

[56]　S. H. Lay, R. Churchill, and M. Nordquist, comp. and eds., *New Directions in the Law of the Sea*, Vol. I (Dobbs Ferry, New York: Oceana Publications Inc., 1973), pp. 231-233.

[57]　原文為：

"The coastal State exercises over the Continental Shelf *sovereign rights* for the purpose of exploring and exploiting its 'natural resources'." （斜體字部分為筆者所加） Whiteman, *supra* note 53. 另見 Rene-Jean Dupuy and Daniel Vignes, eds., *A Handbook on the New Law of the Sea* (Dordrecht: Martinus Nijhoff Publishers, 1991), p. 368.

[58]　一九五八年大陸礁層公約第三條。

由上述可知，所謂的「主權上權利」在行使上受到目的的限制和權利內容的限制。首先就目的的限制來看，沿海國僅限於為探測大陸礁層及開發其天然資源之目的，方可對大陸礁層行使主權上權利；但是這種權利為專屬的，沿海國如不行使這種權利，則除非經其明示同意，任何人不得從事以上活動或對大陸礁層有所主張。[59] 其次就權利內容所受到的限制來看，沿海國僅可對大陸礁層所在之海床及其底土的資源享有主權權利，[60] 而且這種權利是源自地理上自然延伸原則的概念而來，不需任何明文公告即可享有。[61] 而若觀察「主權權利」在專屬經濟海域內的應用情形，根據海洋法公約的規定，「沿海國應決定其專屬經濟區內生物資源的可捕量」，[62]「沿海國應決定其捕撈專屬經濟區生物資源的能力，沿海國在沒有能力捕撈全部可捕量的情形下，應通過協定或其他安排，…准許其他國家捕撈可捕量的剩餘部分」。[63]

因此，針對海洋法公約規範大陸礁層和專屬經濟區中所謂「主權權利」的內涵，筆者歸納如下：

---

[59] 一九五八年大陸礁層公約第三條第一項與第二項。一九八二年海洋法公約第七十七條第一項與第二項。

[60] 一九五八年大陸礁層公約第二條第四項。一九八二年海洋法公約第七十七條第四項。

[61] 一九五八年大陸礁層公約第二條第三項。一九八二年海洋法公約第七十七條第三項。

[62] 海洋法公約第六十一條第一項。

[63] 海洋法公約第六十二條第二項。

第一、主權權利的行使受到目的上的限制，亦即行使這種權利的目的，大陸礁層部分限定在勘探大陸礁層和開發其自然資源的目的上；而在專屬經濟區的部分，則行使主權權利的目的為勘探和開發、養護和管理專屬經濟區內之水域、海床及其底土的自然資源。因此主權權利之行使，偏向對於資源的利用，經濟性的考量較重，而非主權內容的擴張。

第二、基本上，大陸礁層所涵蓋的範圍為海床和底土，而在專屬經濟區中行使主權權利之範圍，只及於海水、海床及其底土，二者均不包括水域的上空部分。再由專屬經濟區所涵蓋的範圍來看，專屬經濟區實已全部或部份地吸收了大陸礁層制度。沿海國在專屬經濟區內關於海床及底土的主權權利應是專屬的，亦即沿海國如不行使此種權利，則任何人未得沿海國的明示同意，均不得從事探勘與開發、養護與管理自然資源的活動。

第三、沿海國在專屬經濟區內依海洋法公約行使其權利和履行其義務時，應適當顧及其他國家的權利和義務，並應符合公約規定的方式行事，[64] 也就是說沿海國在其專屬經濟區內權利之行使仍受到相當程度的限制。例如有關可捕量(allowable catch)的規定，及扣除其捕撈能力後，應准許其他國家捕撈可捕量剩餘部份的規

---

[64]　一九八二年海洋法公約第五十六條第二項。

定。[65]

第四、至於行使主權權利所及於的客體，在大陸礁層部分，指的是海床和底土的礦物和其他非生物資源，以及屬於定居種的生物；[66] 而在專屬經濟區的部分，則包含了自然資源，以及其他諸如利用海水、海流和風力生產能等資源。所謂自然資源包括了生物資源和非生物資源，海洋法公約將生物資源區分為高度洄游魚群、[67] 跨界魚群、[68] 海洋哺乳動物、[69] 溯河產卵魚群、[70] 降河產卵魚群、[71] 和定居種。[72] 而非生物資源部分，則泛指在專屬經濟區中所蘊藏的各種礦物資源。

綜合上述對主權及主權權利的分析，以下就二者之區別做成《表3-2》，如此可清楚看出二者在其實質意義上的不同。

---

[65] 一九八二年海洋法公約第六十一條、第六十二條。

[66] 一九八二年海洋法公約第七十七條第四項。所謂定居種生物，依本項之規定，係指在可捕撈階段在海床上或海床下不能移動或其軀體需與海床或底土保持接觸才能移動的生物。

[67] 一九八二年海洋法公約第六十四條。

[68] 一九八二年海洋法公約第六十三條。

[69] 一九八二年海洋法公約第六十五條。

[70] 一九八二年海洋法公約第六十六條。

[71] 一九八二年海洋法公約第六十七條。

[72] 一九八二年海洋法公約第六十八條。

表 3-2　主權與主權權利之比較

	主權	主權權利
範圍	領海	大陸礁層或專屬經濟海域
目的	政治性的	經濟性的
空間	完整的	不完整的
限制	排他的、絕對的	受到限制
客體	領海中所有的 人、事、物	大陸礁層或專屬經濟海域 中的自然資源

二、臨時安排之規範

在一九八二年海洋法公約的規範中，並沒有任何關於「共同開發」的文字，也沒有對海域重疊爭端當事國有任何必須進行「共同開發」的要求。但是在海洋法公約中對於專屬經濟區或大陸礁層劃界的劃定原則中有可以參考的地方，亦即：

第七十四條　海岸相向或相鄰國家間專屬經濟區界限的劃定

一、海岸相向或相鄰國家間專屬經濟區的界限，應在國際法院規約第三十八條所指國際法的基礎上以協議劃定，以便得到公平解決。

二、有關國家如在合理期間仕未能達成任何協議，應訴諸第十五部份所規定的程序。

三、在達成第一款規定的協議以前，有關各國應基於諒解和合作的精神，盡一切努力作出實際性的臨時安排，並在此過渡期間內，不危害或阻礙最後協議的達成，這種安排應不妨害最後界限的劃定。

四、如果有關國家間存在現行有效的協定，關於劃定專屬經濟區界限的問題，應按照該協定的規定加以決定。

　　聯合國海洋法公約已經於一九九四年十一月十六日生效，截至目前為止，已有一百三十八國遞交批准書，[73] 該公約成為規範國際海洋秩序及事務的依據殆無疑義。而海洋法公約中第七十四條第三項和第八十三條第三項中所述及之「臨時安排」的設計，正是處理海域疆界糾紛時可以依據的規範之一。

　　「臨時安排(provisional arrangements)」這個名詞出現在第三屆海洋法會議中，應為荷蘭在一九七四年提出以該構想來作為解決海域劃界的一種方法，但當時的名稱為「臨時解決(interim solutions)」。[74] 一直到一九七六年海洋法會議所公佈的「修訂單一協商條文(Revised Single Negotiating Text)」中，[75] 方才正式出現「臨時安排」這個名詞，一九七七年的「非正式綜合協商條文(Informal Composite Negotiating

---

[73] 　見聯合國網頁 http://www.un.org/Depts/los/los94st.htm，上網檢視日期 2002 年 8 月 30 日。

[74] 　UN Doc. A/CONF.62/C. 2/L. 14, 1974.

[75] 　UN Doc. A/CONF.62/WP.8/Rev.1/Part II, Art. 62, para. 3.

Text)」中亦出現類似的規定。[76] 後來經過多年的討論，終以「臨時安排」的用語在海洋法公約中出現。

海洋法公約第七十四條第三項明白表示海岸相向或相鄰的國家應「盡一切努力作出實際性的臨時安排」，這個法則無疑地適用於所有劃定專屬經濟區界線的案例中。由聯合國第三屆海洋法會議對於該條的制訂過程看來，本款制訂的目的在於促進有關國家使用為劃定海域中的資源，以消除它們在劃界談判中的障礙。然而要注意的是，臨時安排並不必須與這些劃界談判有任何關連，相反的，與臨時安排有關的是勘探和開發該海域中的資源。[77]

國際法學家拉哥尼(Rainer Lagoni)曾對臨時安排作了分析，現列出如下，可使我們對於臨時安排有一概念上的瞭解：

第一、這種安排是由兩個或更多的相關國家所締結的協定，並非只有海岸相鄰或相向的國家才是相關國家，在此海域內長期擁有漁捕權的國家亦是相關國。

第二、臨時安排講求實際，換言之，這種安排能對因使用海域而發生的問題提供實際的解決，而不觸及劃界本身或是以劃界為基礎的主權紛爭問題。

第三、由於此種安排是「臨時的」，所以它是為了此紛爭海域和利用此海域資源的最終法律地位而安排的一種準備工作，相關國家能以協定的方式，將臨時安排轉

---

[76] UN Doc. A/CONF. 62/WP.10, Art. 74, para. 3.

[77] Rainer Lagoni, "Interim Measures Pending Maritime Delimitation Agreements," 78(2) *American Journal of International Law* (1984), p. 354.

變成為永久性的安排；但即使沒有協定，如果相關國家一直無法達成劃界，或是它們之間一直缺乏一種有效解決爭端的程序，則此種臨時安排就自然成為永久性安排。

第四、正如海洋法公約第七十四條第三項中所顯示的「這種安排應不妨害最後界限的劃定」，所以劃界並不需要考慮前述的臨時安排或是相關國家在此安排之下所從事的活動，而且這些活動並不會因而取得任何權利。[78]

在海洋法公約的規定之下，以共同開發做為一種過渡性的臨時安排，不僅符合海洋法公約的規定，又適合區域內和平穩定的政治需要，應是值得實踐的作法。此外，海洋法公約第一二三條關於半閉海中沿岸國的規定，更是對於南海週邊國進行共同開發合作的一項鼓勵。同時，在共同開發的安排之下，也不失為一項讓南海週邊國建立信心的措施，以促使相關國家以誠意進行談判，[79] 無論談判的主題為最終性質

---

[78]　*Ibid*., pp. 358-359.

[79]　在美國與加拿大的緬因灣劃界案中，國際法院曾經表示「〔爭端國〕有責任進行談判以達成協議，並且以誠意(good faith)達成此協議，以真實的意圖獲致積極且正面的結果」。見 Judgement of Delimitation of the Maritime Boundary in the Gulf of Maine Area, *International Court of Justice Reports 1984*, para. 87. 在另一案件中，國際法院亦表示爭端相關各方應有義務進行談判並尋求達成協議，而且這並不是形式上的進行談判而已，而是有義務要使談判具有意義，而非各方持續堅持立場，甚至不打算修改原有立場。Judgement of the North Sea

的劃界或是暫時性質的臨時安排。而且這也符合聯合國憲章中不以武力解決爭端的訴求和所謂的善鄰原則。[80]

三、半閉海沿岸國之合作

海洋法公約第一二二條對於「閉海或半閉海(enclosed or semi-enclosed seas)」有如下之定義：

> 「閉海或半閉海」是指兩個或兩個以上國家所環繞並由一個狹窄的出口連接到另一個海或洋，或全部或主要由兩個或兩個以上沿海國的領海和專屬經濟區構成的海灣，海盆或海域。

符合上述定義的地理區域，舉其要者有北海、波羅地海、地中海、加勒比海等處，而就南海之地理形勢觀之，它亦符合此一定義。正因為南海是半閉的，在這片海域中任何生物系統的變動都將會對整體海域的體系造成重大影響。科學研究顯示出南海中生物資源係在國與國之間的專屬經濟區內洄游，特別是屬於高度洄游(highly migratory)或跨界(straddling)之魚群，在南海海域中此種魚類有諸如鮪類

Continental Shelf Case, *International Court of Justice Reports 1969*, p. 47.

[80] 聯合國憲章第七十四條之規定。亦見 Zhiguo Gao, "The Legal Concept and Aspects of Joint Development in International Law," in Mochtar Kusuma-Atmadja, *et. al.*, eds., *Sustainable Development and Preservation of the Oceans: The Challenges of UNCLOS and Agenda 21* (Honolulu: The Law of the Sea Institute, University of Hawaii, 1997), p. 634.

(tunas)、鯖類(mackerels)和鰺類(scads)等，[81] 如果專屬經濟區的邊界及定義已經釐清，週邊國或許可以明確地訂出它專屬經濟區中生物資源的評估資料。但問題是這種情況並不必然存在，特別是在南海海域中。更弔詭的是，一些關於島嶼主權的紛爭不僅將劃界糾紛複雜化，這種紛爭更加阻絕了邁向解決的管道。因為這個原因，許多學者相信週邊國生物資源的合作評估工作有其迫切性，而且這也不必要觸及主權的議題，因為漁業資源擁有再生性和洄游性的特色，某些魚類更具有高度洄游性，其生命週期中洄游的途徑並不會受到人為國界的限制，在此特性之下，該種資源的可利用範圍就迥異於石油天然氣等一般的非生物資源。而也因為此種特性，應可使位於閉海或半閉海的爭端當事國間有進行合作之可能性及迫切性。[82]

這種解決問題的途徑及基礎便規定在海洋法公約第一二三條上：

閉海或半閉海沿岸國在行使和履行本公約所規定的權利和義務時，應互相合作。為此目的，這些國家應該盡力直接或通過適當區域組織：

(a) 協調海洋生物資源的管理、養護、勘探和開發；

(b) 協調行使和履行其在保護和保全海洋環境方面的權利和義務；

---

[81] 見第二章第一節之分析。

[82] Tullio Scovazzi, ed., *Marine Specially Protected Areas: The General Aspects and the Mediterranean Regional System* (The Hague: Kluwer Law International, 1999), pp. 57-59.

(c) 協議其科學研究政策,並在適當情形下在該地區進行聯合的科學研究方案;

(d) 在適當情形下,邀請其他有關國家或國際組織與其合作以推行本條的規定。

由以上的文字規範中可以分離出四項針對「閉海或半閉海」海域中的功能性原則:海洋生物資源的養護、海洋環境的保護、聯合科學研究、與其他國家或國際組織的合作。就其所展現的內容來看,其著眼點應在於鼓勵重視特定海洋環境的生態特性,[83] 同時也似乎刻意地忽略了非生物資源的利用。而所強調的「應該盡力(shall endeavour)」,則應有為了提供此類海域週邊國擴張管轄權(例如領海),而導致的海域重疊糾紛案例一個解決問題的思考方向。[84]

在半閉海觀念的主導下,將有利於達到生物資源的維護及利用,而且在一個彼此密切相關的地理環境中,漁業資源之養護及利用的合作也可作為週邊國間促進合作的催化劑,[85] 使之擴大到其他的合作領域,例如海洋環境保護方面、海洋科學研究方面、或甚至更進一步擴大至反海盜及毒品走私等方面。

---

[83] Dupuy and Vignes, *supra* note 57, p. 54.

[84] *Ibid.*, p. 253.

[85] L. G. Cordner, "The Spratly Islands Dispute and the Law of the Sea," 25 *Ocean Development and International Law* (1994), p. 71.

第三節　本章小結

　　為能有效解決南海的爭端，共同開發往往會被提出做為思考的方向。本章即選擇了若干個較具代表性的提議進行探討，各個提議可以歸納為以下比較表：

表 3-3　南海海域共同開發擬議比較表

提議單位/人	提　議　內　容	備　註
B. A. Hamzah, 1990	在南沙群島重疊海域地區成立一個「共同開發總署 (Joint Development Authority)」，共同就該區域的航行安全、海洋科學研究、海洋環境保護、漁捕行為、防制海盜等議題，進行合作。這個建議的前提是相關國家應承認並維持所有的佔領現狀，停止進一步的佔領和兼併行動，並且禁止任何的軍事行動。	多邊管理體制
中共總理李鵬, 1990	擱置主權，共同開發。	雙邊合作
中華民國總統李登輝, 1992	南海資源的共同開發。	多邊合作（相關國家出資組成公司組織）

中共外長錢其琛, 1992	主權在我，擱置爭議，共同開發。	雙邊合作
Mark J. Valencia, 1994	設立「南沙開發總署（Spratly Development Authority）」，以進行促進生態保護之合作、漁業合作、聯合探勘與開採天然氣、促進科學研究、放棄軍事立場、成立非軍事區、以和平方式解決爭端。	多邊管理體制
Hasjim Djalal, 1994	自南海周邊國向南海劃出二百浬專屬經濟區，南海中心部份會出現不屬各國管轄的公海範圍，建議將該公海範圍做為「共同開發區」。該區域只供和平用途，不得做為任何軍事用途。同時，南海周邊國不得在此區域中主張任何權利。 　　另建議在爭端區域中畫出較小的區域，在此一小區域中進行海洋公園的開發與合作。	多邊管理體制

　　本章在結構上分成兩個區塊，首先是討論六個對於共同開發的擬議內容。在目前的介紹中，要以 Mark Valencia 所提議的較為詳細，他的提議內容較偏重於對籌設共同開發機

制的決策方式，算是較為深入的討論。但是若要以佔領島礁或是其他方式做為計算的基礎，進而分配在投票決策上的力量，則又會引發各方的反對。

　　其次是討論了在「共同開發」上的三個法理基礎，第一是區隔「主權權利」與「主權」的本質，強調資源利用與主權伸張的不同；第二是解釋「臨時安排」的含意，瞭解海洋法公約在此一觀念上的發展與真義；最後是主張半閉海沿岸國之間在生物資源與海洋環境保護方面的合作，並強調其重要性。透過此三個法理基礎的探討，可以建構進行「共同開發」的法律基礎。

第四章　共同開發案例探討

　　「共同開發」並非南海週邊國所創，在國際間早已有許多的先例存在。這些共同開發的國際先例，就地理位置上來說往往發生在管轄權重疊之處，就案例牽涉的背景來看也牽涉到複雜的國際政治環境。本章即選擇若干已經實施共同開發的案例進行探討，這些案例包括了：馬來西亞與泰國暹邏灣大陸礁層資源共同開發案、印尼與澳洲帝汶缺口共同合作區案、蘇聯與挪威巴倫支海漁業案、英國與阿根廷福克蘭群島漁業養護區案。

第一節　馬來西亞與泰國暹邏灣大陸礁層資源
共同開發案

　　馬來西亞與泰國在暹邏灣大陸礁層劃界事務上一直存在著分歧的意見，雙方在一九七九年二月二十一日簽訂一份諒解備忘錄 (Memorandum of Understanding between the Kingdom of Thailand and Malaysia on the Establishment of a Joint Authority for the Exploitation of the Resources of the Seabed in a Defined Area of the Continental Shelf for the Two Countries in the Gulf of Thailand)，[1] 在該備忘錄中規定除繼續依照國際法及國際慣例談判劃界問題之外，兩國將位於暹

---

[1]　Text reprinted in P. Polahan, "Thailand-Malaysia Memorandum: A Chronology," 6:11 *Energy* (1981), pp. 1356-1357.

邏灣內主張重疊的大陸礁層部分劃為共同開發區，[2] 以便利雙方開發位於此一區域中的石油與天然氣資源，並成立一聯合機構(joint authority)負責推動相關事務，經過細緻的考慮與繁複的討論，雙方在一九九〇年五月三十日簽訂建立聯合機構條約(Agreement between the Government of Malaysia and the Government of the Kingdom of Thailand on the Constitution and other Matters relating to the Establishment of the Malaysia-Thailand Joint Authority)。[3]

條約中設置了所謂的「聯合機構(Joint Authority)」，聯合機構之設置期限為五十年，締約國各自之國會制訂法案授予該聯合機構法人地位。聯合機構的權限則為謀求雙方在重疊區域海床及底土之非生物資源探勘與開發的利益，以及開發和管理共同開發區。該機構主要的權利與責任為：雙方政府批准後，以符合生產分配合約(Production Sharing Contract, PSC)的規定，授權開發位於共同開發區內的石油；監督、管理與控制在共同開發區內之石油的探勘與開發；協調政府部門（例如海關與稅務）並協助承包商使其有最理想與有秩序的石油作業；為雙方政府徵收在共同開發區內之礦區使用費

---

[2]　　該共同開發區(Joint Development Area)位於暹邏灣南部，面積約有 7,250 平方公里。（附圖 4-1）見 http://www.mtja.org/main.htm，上網檢視日期：2002 年 5 月 12 日。

[3]　　Text reprinted in 6 *International Journal of Estuarine and Coastal Law* (1991), pp. 64-72.

與其他衍生自石油資源的收益。[4]

　　同時，締約雙方保留各自對共同開發區的主權權利，並且共同規範關於海關、漁捕、航行、海洋污染與安全、水文與海洋測量等行為。在共同開發區中以等距線為原則所劃定分隔線兩邊之海域分別由雙方行使刑事管轄權。[5]

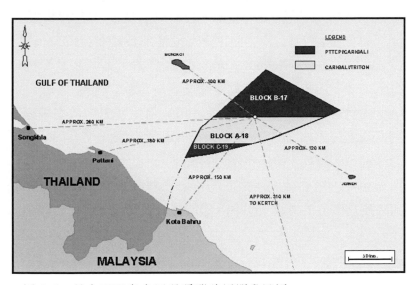

圖 4-1　馬來西亞與泰國暹邏灣共同開發區圖
資料來源：http://www.mtja.org/whatis.htm。

4　http://www.mtja.org/whatis.htm，上網檢視日期：2002 年 5 月 12 日。

5　Mark J. Valencia, Jon M. von Dyke, and Noel A. Ludwig, *Sharing the Resources of the South China Sea* (London: Martinus Nijhoff Pubishers, 1997), p. 185.

第二節　印尼與澳洲帝汶缺口協定

　　印尼與澳洲經過多年的談判之後，於一九八九年十二月十一日簽訂關於在兩國間帝汶海域建立合作區域的條約，[6] 依據該條約所建立的共同合作區共分三塊，（附圖 4-2）區域 A 是雙方共同控制的區域，雙方共同在該區中進行商業開採，並且均分因探採石油資源所獲得的利益，[7] 至於探勘與開採石油資源的行為，則由雙方授權部長議會(Ministerial Council)和聯合機構(Joint Authority)所負責，區域 B 及 C 則分別由澳洲與印尼管轄探勘與開發石油資源的行為。[8]

　　由於帝汶缺口條約之簽訂是因為締約雙方對位在兩國間大陸礁層界線之劃定有所紛爭，所以即使簽訂了共同開發合作區域的條約，但是在條約的文字上，仍然強調了條約中所規定的內容和依約所採取的行動不得被視為損及雙方對大陸礁層劃界的立場，也不得認為將會影響到各自在合作區

---

[6] Treaty between Australia and the Republic of Indonesia on the Zone of Cooperation in an Area between the Indonesian Province of East Timor and Northern Australia. 以下簡稱「帝汶缺口條約(Timor Gap Treaty)」。關於帝汶缺口條約中石油資源探採行為之規範，見 D. Zahar, "The Timor Gap Treaty," in Mochtar Kusuma-Atmadja, *et. al.*, eds., *Sustainable Development and Preservation of the Oceans: The Challenges of UNCLOS and Agenda 21* (Honolulu: The Law of the Sea Institute, University of Hawaii, 1997), pp. 597-603.

[7] 帝汶缺口條約第二條第二項第(a)款。

[8] 帝汶缺口條約第二條第二項第(b), (c)款。

域中所主張的主權權利，[9] 同時締約雙方也將繼續努力達成在合作區域中大陸礁層最終劃界的目標。[10] 而就現實的發展來看，在帝汶缺口條約簽訂後，印尼與澳洲曾就雙方之專屬經濟海域劃界達成協定。[11]

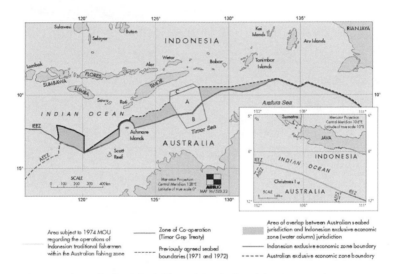

圖 4-2　印尼與澳洲帝汶缺口共同合作區圖
資料來源：http://www.isr.gov.au/resources/timor-gap/Map5a.jpg

---

[9]　帝汶缺口條約第二條第三項。

[10]　帝汶缺口條約第二條第四項。

[11]　王冠雄，*赴印尼參加第二屆南海合作區域研究小組非正式會議報告書*，一九九九年七月，頁 2。Treaty between the Government of Australia and the Government of the Republic of Indonesia establishing an Exclusive Economic Zone Boundary and Certain Seabed Boundaries, done at Perth on 14 March 1997. 並見：http://www.austlii.edu.au/au/other/dfat/nia/1997/1997018n.html，上網檢視日期：2002 年 5 月 12 日。

第三節　蘇聯與挪威巴倫支海漁業協定[12]

　　本案之發生，是因為史瓦巴群島(Svalbard Archipelago)附近海域的管轄權之歸屬所引起的爭議。依據一九二〇年二月九日「史畢茲伯根條約(Spitsbergen Treaty)」第一條的規定，該約將位於東經 10 度到東經 35 度，北緯 74 度到北緯 81 度之間的島嶼以及其附屬的大小岩礁之主權給予挪威。然而第二條規定所有簽約國的國民在該區域中享有同等的漁捕權和狩獵權；第三條又規定所有簽約國的國民均在相同的平等條件之下，准許在該陸地或領海中行使所有的海洋、工業、採礦、或商業活動；第九條更限制了挪威在史瓦巴群島上設置海軍基地或要塞堡壘。[13] 因此，條約雖然將史瓦巴群島給了挪威，但是挪威在該群島和其領海內的主權卻受到相當程度的限制。

　　隨著美國總統杜魯門在一九四五年「大陸礁層宣言」的出現，世界各國紛紛主張在大陸礁層上的權利，而一九五八年聯合國第一次海洋法會議中所簽訂的「大陸礁層公約」更是確立了大陸礁層的法律地位。依照挪威的觀點，「史畢茲

---

[12]　因為探討內容之故，本節統一使用「蘇聯」一詞。但隨著時代的不同，而分別代表「舊蘇聯」或現今之「俄羅斯」。

[13]　Kim Traavik and Willy Østreng, "Security and Ocean Law: Norway and the Soviet Union in the Barents Sea," 4 *Ocean Development and International Law* (1977), p. 362. Willy Østreng, "The Continental Shelf: Issues in the Eastern Arctic Ocean," in John King Gamble, Jr. ed., *Law of the Sea: Neglected Issues* (Hawaii: University of Hawaii, 1979), p. 173.

伯根條約」已將挪威在史瓦巴群島上的主權限制殆盡，使其無法為了經濟利益的考量而能夠對該條約有任何的擴張解釋。現在既然有大陸礁層制度之出現，挪威遂將「史畢茲伯根條約」的適用範圍限制在史瓦巴群島和其領海之內，至於位在領海範圍之外的大陸礁層，挪威則主張享有主權。[14]

　　挪威當時的主張引起了「史畢茲伯根條約」四十個簽約國的注目，因為無論就經濟利益或戰略地位來看，位於挪威和史瓦巴群島之間的巴倫支海(Barents Sea)均是一個相當重要的海域。就經濟利益的角度來看，巴倫支海擁有擁有豐富的漁業資源，許多國家（如蘇聯、挪威、英國、東德、西德、波蘭、葡萄牙、西班牙、以及古巴）的漁船船隊均前往這片海域作業，其中又要以蘇聯和挪威對巴倫支海的漁獲需求最大。以一九六八年的漁獲統計為例，蘇聯總漁獲量的 20%就是來自這片海域，[15] 而挪威在一九六八年到一九七三年平均總漁獲量的 12%也是來自同樣的海域。[16] 除了漁業資源之外，由震波探測的結果可以推測巴倫支海海底的地質構造應屬含有石油天然氣的結構，雖然蘇聯或挪威並未著手進行大

---

[14]　挪威直到一九七一年才加入大陸礁層公約，因此在一九七一年前，挪威一直主張對史瓦巴群島周圍自然延伸的大陸礁層擁有主權。另見 William V. Dunlap, "Regional and International Cooperation in the Regulation of Energy Resources in the Arctic," in Gerald Blake, Martin Pratt, Clive Schofield, and Janet Allison Brown, eds., *Boundaries and Energy: Problems and Prospects* (London: Kluwer Law International, 1998), pp. 307-308.

[15]　Traavil and Østreng, *supra* note 13, p. 366, note 6.

[16]　*Ibid*., note 7.

規模的探勘與開發的動作,但是他們對巴倫支海海底蘊藏豐富石油的說法抱持樂觀的態度。[17] 此外,就戰略的觀點來看,蘇聯在其可拉半島(Kola Peninsula)上建有海軍基地,莫曼斯克(Murmansk)更是蘇聯遠洋漁船和北方艦隊的母港,巴倫支海和所謂的「史瓦巴航線 (Svalbard Passage)」遂成為蘇聯海軍出入大西洋的必經門戶。[18]

史瓦巴群島和巴倫支海既然具有如此重要的地位,則蘇聯必不願見到該群島附近的大陸礁層被挪威納入其主權範圍之內是可以理解的。但若謂蘇聯欲使該海域開放給四十個史瓦巴條約的簽約國共同享有,則也未必,因為如此做的話,將會把英美勢力引入,蘇聯並不會佔到便宜。同時,蘇聯和挪威雙方對於劃界所採取的立場也有不同,蘇聯採取的原則是「扇形原則(Sector Principle)」,而挪威則採用「中線原則」。[19] 由於雙方所採取的劃界方法有極大的差異,因此也使得雙方的談內容更形複雜與不易解決。

挪威也瞭解到蘇聯在國防安全上的考慮,而且挪威本身所著眼的仍是經濟上的利益,因此蘇聯與挪威均理解到最好的解決方式應是將巴倫支海與史瓦巴群島附近海域的主權

---

[17] *Ibid*., pp. 350-351.

[18] *Ibid*., pp. 351-353.

[19] Finn Laursen, "Security Aspects of Danish and Norwegian Law of the Sea Policies," 18 *Ocean Development and International Law* (1987), p. 219; Donat Pharand, "Sovereignty in the Arctic: the International Legal Context," in Edgar J. Dosman, ed., *Sovereignty and Security in the Arctic* (London & New York: Routledge, 1989), pp. 149, 202-203.

(sovereignty)爭執降低為以訴求經濟利益為主的主權權利
(sovereign rights)。[20]

　　一九七六年十二月十七日挪威政府公佈了「關於挪威經
濟區的第九十一號法案(Act No. 91 of 17 December 1976
relating to the Economic Zone of Norway)」與「設立挪威經濟
區之皇家法令(Royal Decree of 17 December 1976 relating to
the Establishment of the Economic Zone of Norway)」，[21] 有了
國內基本法令為根據，蘇挪雙方遂將談判的焦點集中在經濟
利益的層面，而暫時凍結了有關主權的劃界問題。

　　一九七八年一月十一日，蘇聯與挪威簽訂了「巴倫支海
漁業協定(Agreement on Fisheries in the Barents Sea)」，該協定
中有兩項值得注意的設計：第一是在巴倫支海中以七個座標
點畫出一塊漁捕區（稱為「灰區」(Gray Zone)），該區面積
有 67,500 平方公里，其中約有 61,000 平方公里的海域位在
挪威主張的經濟區內。[22] 締約雙方的漁船可以進入「灰區」
作業，同時各自也可發放漁捕執照給第三國漁船，各自對其
國籍之漁船或所發放執照的第三國漁船保有管轄權。換句話
說，在「灰區」內，締約雙方對於漁業事務擁有各自的管轄
權，[23] 挪威政府就曾經將這種管轄制度稱呼為「共同責任

---

[20] Traavik and Østreng, *supra* note 13, p. 365.

[21] Text in Robert W. Smith, *Exclusive Economic Zone Claims, An Analysis and Primary Documents* (Dordrecht: Martinus Nijhoff Publishers, 1986), pp. 351-353.

[22] Laursen, *supra* note 19, p. 220.

[23] Brit Floistad, *Fish and Foreign Policy: Norway's Fisheries Policy towards other Countries in the Barents Sea, the*

(joint responsibilities)」制。[24]

　　第二是締約國同意該協定的性質為臨時性的,同時不會損及雙方對於漁業管轄區或大陸礁層劃界的立場與看法。因為雙方有如此的認知,並且將之明訂在「巴倫支海漁業協定」中,再度明白揭示了這個協定僅僅具有管轄漁業活動的功能,而不會影響到各自對劃界的立場,也不會擴大至其他的合作項目,例如碳氫化合物資源,如果雙方還無法就劃界達成協議的話。

第四節　英國與阿根廷在福克蘭群島海域之合作

　　福克蘭群島(Falkland Islands)位於西南大西洋,該群島周圍海域擁有豐富的漁業資源,計有南方藍鱈(Southern Blue Whiting)、鱈魚(hake)、和魷魚(squid),其中又要以鱈魚和魷魚二者最為重要與具有經濟價值。[25] 也因為豐富的漁業資源,在該群島水域的漁業努力量自一九八〇年代初期即不斷增加,越來越多的外國遠洋漁船也來此處作業。[26] 至於石油

Norwegian Sea, and the North Sea (Honolulu: Law of the Sea Institute, University of Hawaii, 1991), pp. 42-46.

[24]　Dunlap, *supra* note 14, pp. 304-305.

[25]　*Falkland Islands Economic Study* 1982, Cmnd. 8653, p. 69; J. Csirke, *The Patagonian Fishery Resources and the Offshore Fisheries in the Souh-West Atlantic*, *FAO Fisheries Technical Paper*, No. 286 (Rome: FAO, 1987); Gustavo A. Bisbal, "The Southeast South American Shelf Large Marine Ecosystem," 19 *Marine Policy* (1995), pp. 21-38.

[26]　Csirke, *ibid.*, pp. 1-3. Also, working paper prepared by the UN Secretariat on the "Falkland Islands (Malvinas)", UN Doc. A/AC.

天然氣資源的蘊藏量方面，初步的震波探測顯示可能會超過北海油田蘊藏量的油氣。[27]

　　就地理位置來看，該群島距離阿根廷較英國來得近得多。然而，英國與阿根廷雙方均就歷史與法律的依據而聲稱擁有福克蘭群島的主權，[28] 而這種歷史與法律的爭端加入了國際政治的敏感後，就無法得出理想的結論，更遑論誰是誰非。正如同英國安東尼・帕森斯爵士(Sir Anthony Parsons)所言：「我與我阿根廷同僚可以就歷史上的是與非毫無休止地爭論下去，但是我懷疑能夠達成彼此均同意的結論。」[29]

　　為了爭奪對於福克蘭群島的主權，英國與阿根廷在一九八二年發生激烈的戰爭。在戰爭進行中，雙方在福克蘭群島周圍設立了不同的控制區域，並以武力執行各自在該區域的管轄能力。就英國所設立的管轄區域來看，共有：「海洋專

109/878, 6 August 1986, pp. 16-17, cited from C. Symmons, "The Maritime Zones Around the Falkland Islands," 37 *International and Comparative Law Quarterly* (1988), pp. 284-285.

[27] *Financial Times* (2 December 1993), p. 1; David Owen and John Barham, "British Offer Over Falkland Oil," *Financial Times* (26 January 1994), p. 3.

[28] Peter Beck, *The Falklands as an International Problem* (London and New York: Routledge, 1988), Chapters 2 and 3. A. P. Rubin, "Historical and Legal Background of the Falklands/Malvinas Dispute," in A. R. Coll and A. C. Arend, eds., *The Falklands War: Lessons for Strategy, Diplomacy, and International Law* (Boston: Allen & Unwin, 1985), pp. 9-21.

[29] British Government, *Britain and the Falklands Crisis: A Documentary Record* (London: HMSO, 1982), p. 24.

屬區(Maritime Exclusive Zone)」、[30]「絕對專屬區(Total Exclusive Zone)」、[31] 與「擴張的絕對專屬區(Extended Total Exclusive Zone)」。[32]

一九八二年七月二十三日，阿根廷宣布停火，英國政府立即宣布「福克蘭群島保護區(Falkland Islands Protection Zone)」，[33] 後來在一九八六年十月二十九日設立具有養護生物資源性質之半徑達一百五十海里的「福克蘭群島暫時保育與管理區 (Falkland Islands Interim Conservation and Management Zone，簡稱 FICZ)」。（附圖 4-3）

前已述及福克蘭群島周圍海域擁有豐富的漁業資源，英

---

[30] 本區在一九八二年四月十二日設立，乃是以西經 59°30'，南緯 51°40'為圓心，兩百海里為半徑所畫出的圓形區域。阿根廷戰艦或運補船舶進入此一區域，將被視為具有敵意，英軍將會對之攻擊。見 UKMIL, 53 *British Yearbook of International Law* (1983), p. 539.

[31] 本區在一九八二年四月三十日設立，範圍與前述「海洋專屬區」相同。但是適用之敵方船隻包括了阿根廷的戰艦、運補艦艇、軍用船舶、以及商船，只要這些船舶對佔領福克蘭島的阿根廷軍隊有任何支援動作的話。見 UKMIL, *British Yearbook of International Law* 53(1983), p. 546.

[32] 本區在一九八二年五月八日設立，範圍則擴張至離阿根廷海岸十二海里處，阿根廷任何的戰艦或軍用航空器將被視為具有敵意。見 UKMIL, 53 *British Yearbook of International Law* (1983), p. 549.

[33] 阿根廷軍用船舶與航空器不准進入該區，至於民用船舶或航空器需要獲得事先同意方得進入。本區之建立，象徵著雙方關係由戰爭狀態邁入正常的外交關係。R. P. Barston and P. W. Birnie, "The Falkland Islands/Islas Malvinas Conflict," 7 *Marine Policy* (1983), p. 23.

國政府也慎重考慮過在此設立專屬經濟區或專屬漁業區，但是為了避免與阿根廷再度因設立養護漁業資源性質的區域而發生衝突，英國一直不願宣告。[34] 直至一九八六年七月時，阿根廷與蘇聯和保加利亞簽訂漁業協定，准許蘇聯和保加利亞進入福克蘭海域作業，英國政府方才決定改變其政策，[35] 宣布了「福克蘭群島暫時保育與管理區」。英國宣布的重點在：

> 在本區之限制水域內，福克蘭群島將採行立法方式，以確保生物資源的保育和管理符合國際法。此種方式將確保魚群的保育在以西南大西洋漁業獲致協議之前採取暫定的基礎，並且顧及最好的科學證據。

---

[34] House of Commons Debates., vol. 9, Written Answers, col. 544: 31 July 1981; House of Lords Debates., vol. 426, col. 230: 16 December 1981; House of Commons, Fifth Report from the Foreign Affairs Committee, *Falkland Islands*, 268-1 (London: HMSO, 1984), paras. 145-147.

[35] House of Commons Debates., vol. 103, col. 326-7: 29 October 1986; R. Churchill, "The Falklands Fishing Zone: Legal Aspects," 12 *Marine Policy* (1988), p. 348; M. Evans, "The Restoration of Diplomatic Relations Between Argentina and the United Kingdom," 40 *International and Comparative Law Quarterly* (1991), p. 476.

　　很明顯的,漁業資源是建立 FICZ 的重要考慮。英國政
府在一項後續的宣告中表示,FICZ 中的漁業活動將以發放
執照方式為之,而執照之發放將反映漁業資源養護的需求。[36]
至於為何將半徑設定在一百五十海里而非二百海里,英國政
府表示福克蘭群島周圍海域以一百五十海里內有較多的漁

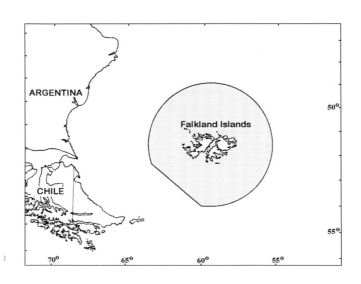

圖 4-3　福克蘭群島暫時保育與管理區圖

資料來源:修改自 Robin Churchill, "The Falklands Fishing
　　　　　Zone: Legal Aspects," 12 *Marine Policy* (1988),
　　　　　p.347.

---

[36] House of Commons Debates., vol. 103, cols. 323-4: 29 October
　　　1986; House of Lords Debates., vol. 500, col. 382: 28 July 1988.

業資源，同時就巡邏與維持海上秩序來說，一百五十海里的區域較為實際。[37] 但是英國政府仍然保留宣布二百海里海區的權利，會視適當時機再做宣布。[38] 因此，較小的海域宣布與自制的行為方式避免傷害到阿根廷的情感，同時也維持了該區域的和平和穩定。[39] 事實上，之後的發展也證明了 FICZ 的成功。在實施後的第一年，就有大約五十億英鎊相當於三十萬噸的漁獲，執照發放所得的收益也達一千三百五十萬英鎊之譜。[40]

有了雙方自制的行為，英國與阿根廷之間繼續進行關於福克蘭群島主權問題的談判。除了雙方原有的立場之外，另有一項歧異點：阿根廷認為在談判此一海域的自然資源養護問題之外，群島的主權也應列入談判議程。然而英國認為她擁有主權，因此主權問題不必談，如果雙方對此有意見，則此時更不適合談，最好是將此一問題凍結起來。[41]

阿根廷新任總統 Carlos Menem 採取了務實的態度，不再就主權問題與英國談判，轉而將注意力集中在漁業資源的養護和管理上。一連串的雙邊會談於焉展開，雙方除停止一切敵對行動之外，也在一九八九年恢復總領事級的外交關

---

[37] UKMIL, 57 *British Yearbook of International Law* (1986), p.591.

[38] House of Commons Defence Committee, *Defence Commitment in the South Atlantic* (London: HMSO, 1987), pp. 45-46.

[39] Symmons, *supra* note 26, p. 291.

[40] *The Times* (30 July 1987), p. 4; *Financial Times* (31 July 1987), p. 6.

[41] UKMIL, 51 *British Yearbook of International Law* (1980), p. 443 and 52 *British Yearbook of International Law* (1981), p. 448.

係，也恢復了阿根廷與福克蘭島上居民的郵件往來，[42] 此可謂雙方間建立互信的時期。同時，雙方也建立了所謂的「防護方案(umbrella formula)」，亦即：[43]

雙方政府同意：

(1) 目前會議或其他相關會議的行為與內容將不會被解釋成：

   (a) 英國對於福克蘭群島、南喬治亞島、南三維治島及其周圍海域主權或領土及海域管轄權立場的改變；

   (b) 阿根廷對於福克蘭群島、南喬治亞島、南三維治島及其周圍海域主權或領土及海域管轄權立場的改變；

   (c) 承認或支持英國或阿根廷對於福克蘭群島、南喬治亞島、南三維治島及其周圍海域主權或領土及海域管轄權的立場。

(2) 英國、阿根廷、或第三方由目前或相關會議所成立的任何行為或活動將不構成確認、支持、或否認英國或阿根廷對於福克蘭群島、南喬治亞島、南三維治島及其周圍海域主權或領土及海域管轄權的立場。

在此種「防護方案」之下，雙方仍然保持著各自的主權立場，但是主權問題被暫時擱置。雙方可以實質的就其他的議題進行會商，例如漁業資源的養護或是未來在漁業活動方

---

[42]   Cm 1824, p. 7.

[43]   *Ibid.*

面的合作。[44] 雙方在一九九〇年十一月二十八日簽署了共同
聲明，[45] 依據該聲明的內容，雙方共同成立「南大西洋漁業
委員會(South Atlantic Fisheries Commission)」，該委員會由雙
方派出代表團所組成，一年至少集會兩次，會議中討論南大
西洋南緯 40 至 60 度之間漁場漁業資源的共同管理與養護事
項。同時，為了養護漁業資源的目的，雙方同意建立「福克
蘭群島外部漁業養護區 (Falkland Islands Outer Fishery
Conservation Zone)」，在該養護區內暫時禁止所有的漁業活
動。[46]（附圖 4-4）

　　值得注意的是，本禁止區位於 FICZ 的東方，範圍正好
是 FICZ 的外界線至二百海里處，符合國際海洋法中容許一
沿海國能夠宣布擁有的專屬經濟區之範圍。但在西邊及西南
邊，則又巧妙地避開了自阿根廷大陸本土畫出二百海里的範
圍，[47] 這種安排則再度顯示了雙方規避敏感主權問題的務實
態度。

---

[44] Wayne S. Smith, ed., *Toward Resolution?: The Falklands/Malvinas Dispute* (London: Lynne Rienner Publishers, 1991), p. 111.

[45] Cm 1824, pp. 12-13.

[46] *Ibid.*, pp. 12, 14. 本項禁止自一九九〇年十二月二十六日開始實施，見 Cm 1824, pp. 15-16.

[47] Evans, *supra* note 35, p. 481.

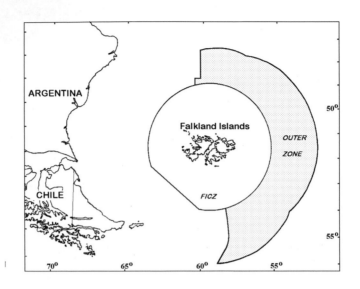

圖 4-4　福克蘭群島外部漁業養護區圖

資料來源：修改自 Robin Churchill, "The Falklands Fishing Zone: Legal Aspects," 12 *Marine Policy* (1988), p. 347.

第五節　本章小結

本章所討論的共同開發案例中，「馬來西亞／泰國暹邏灣大陸礁層資源共同開發案」和「印尼／澳洲帝汶缺口協定」兩個實踐係屬於石油天然氣的共同開發，而「蘇聯／挪威巴倫支海漁業協定」和「英國／阿根廷在福克蘭群島海域合作」二者則主要屬於漁業資源的利用，雖然共同合作或開發的標的物不同，但是它們之間有一個共通點，就是相關國家願意在某種程度上放棄原有對主權的堅持，轉而致力於對資源的探勘、開發與利用。明顯可見的是，這些案例的發展中，都融入了「不損及各自主權或主權權利」的精神，亦即是將主權訴求與資源利用予以分離的作法，這種作法亦符合了聯合國海洋法公約在「臨時安排」上的規範。

第五章 南海會議之努力

第一節 南海會議的性質

「南海會議」，觀其全稱為「處理南中海潛在衝突研討會(Workshop on Managing Potential Conflicts in the South China Sea)」，係由加拿大國際發展署(Canadian International Development Agency，簡稱 CIDA)出資透過加拿大應屬哥倫比亞大學「南海非正式工作小組(South China Sea Informal Working Group)」與印尼卸任大使 Hasjim Djalal 共同主辦。[1] 「南海會議」自一九九〇年開始運作，第一屆僅由東南亞國協的六個會員國參與，自第二屆起我國與中共受邀參與。召開南海會議的目的之一在希望透過會議的進行，使其能夠成為信心建立措施(Confidence Building Measures, CBMs)的一

---

[1] 南海會議係為年會性質，每年年底在印尼境內召開。自一九九〇年至一九九九年為止，共召開十次會議如下：
第一屆(1990)：Bali，第二屆(1991)：Bandung，第三屆(1992)：Yogyakarta，第四屆(1993)：Surabaya，第五屆(1994)：Bukkittinggi，第六屆(1995)：Balikpapan，第七屆(1996)：Batam，第八屆(1997)：Pacet, Puncak，第九屆(1998)：Ancol, Jakarta，第十屆(1999)：Bogor, West Java。
此外，並有近三十次各種專業性質之技術工作小組會議(Meeting of the Technical Working Group，簡稱 TWG)、專家小組會議(Meeting of Group of Experts，簡稱 GEM)、和研究小組會議(Meeting of Study Group)等之會議。後因經費問題，自一九九九年後所召開的會議即呈現不穩定的狀態，第十一屆南海會議係於二〇〇一年在印尼 Banten 召開，第十二屆則計畫於二〇〇二年下半年在印尼召開。

環，² 甚至能夠具有預防性外交(Preventive Diplomacy)的功能。³

針對上述目的，Djalal 在第九屆南海會議的背景討論(Background Session)的報告中，⁴ 即強調南海會議的目的之一就在於維持南海地區的區域穩定，南海會議及其附屬相關會議也朝此一方向努力。這段過程所企圖達成的焦點有：

一、為增進當事國間的瞭解，研討會的架構即在促進針對議題的討論和諮詢；

二、發展信心建立措施或是相關的程序，以增進所有相關國

---

[2] 印尼外交部長阿里阿拉塔斯(Ali Alatas)在第九屆南海會議的開幕辭中即指出南海會議發展八年來，在促進區域安定及和平上具有重要的角色，他表示穩定的南海情勢是維持東亞穩定的重要因素之一，而若干可以促進穩定且獲益的合作項目也在進行中。同時，近年來在南海若干事件的發展，更加顯示出在此一地區中，爭端國之間的確存在建構「信心建立措施(Confidence Building Measures, CBMs)」的需求，因此他建議南海會議應在此一方面多予注意。見王冠雄，*出席第九屆處理南海潛在衝突研討會報告書*，民國 87 年 12 月，附件四。另見 Statement of the Sixth Workshop on Managing Potential Conflicts in the South China Sea, Balikpapan, Indonesia, 10-13 October 1995, para. 14. 以及 Statement of the Seventh Workshop on Managing Potential Conflicts in the South China Sea, Batam, 17 December 1996, para. 13.

[3] 關於建構預防性外交的想法，見 Hasjim Djalal and Ian Townsend-Gault, "Preventive Diplomacy: Managing Potential Conflicts in the South China Sea," at http://faculty.law.ubc.ca/scs, section on Relevant Papers and Links, 檢視日期：2002 年 6 月 30 日。

[4] 王冠雄，同註 2，頁 2-3。

家的利益；

三、產生具體的計畫。

同時，南海會議的過程也針對下列議題進行了討論：[5]

一、交換各國對南海議題的國家立場，這點有利於增進彼此
　　間的瞭解；

二、交換政治與安全的議題；

三、海洋科學研究(marine scientific research)和海洋環境保護
　　(marine environment protection)是南海區域中值得進行
　　的合作；

四、航行、運輸與交通安全相關議題的討論；

五、資源的評估；

六、建構一套促進南海區域更進一步合作的機制，初步的作
　　法是促進對話，並將之視為一種信心建立措施。

　　然而即使有降低區域緊張，緩和南海爭端的企圖，由於
涉及議題的敏感度，使得南海會議係在「非正式」與「非官
方」之架構下召開及進行。同時，為強調會議之「不涉及領
土與主權」的特性，與會人員均以個人身份(personal
capability)參加及發言。雖然如此，若仔細觀察及分析各國
與會者的身份及背景，除我國代表團中有學者及專家人士之
外，其餘國家之代表團成員皆為來自各國外交部、國防部、
科學部等單位之政府官員。由於與會成員均與各自的派出國
政府有密切的官方聯繫，是以南海會議的開會過程、各國互
動、以及會議的結論，各國與會人員均會回報其政府，因此

5　同前註。

在形式上雖為第二軌外交(Track Two Diplomacy)形式，但在實質上卻為第一軌外交(Track One Diplomacy)型態的轉換。

由此點觀之，南海會議所隱含之實質意義當不止所謂之「非正式」性質，實際上可說是在「非正式」的環境及氣氛中，「正式地」交換意見。然而，由中共的參與態度來看，則是極力將該研討會的性質盡可能地壓低至非正式的層次。至於中共的立場，基於其為本地區重要政經力量之一，長期以來一直堅持「雙邊談判」的立場，不無個別擊破的構想。

若由參與南海會議的國家組成來看，明顯地分成東南亞國協(ASEAN)、中華民國、中共等三方，而所謂之區域外資源人員（主要為「加拿大國際發展署」所邀請人員），又與主辦國印尼極為親近，因此我國參與會議的立場和態度顯得極為微妙。

由南海週邊國對於南沙群島諸島礁謀奪之動作來看，東南亞國協國家有意藉由此一國際會議之召開及引進區域外之力量，企圖將南海問題國際化，並且對中共形成壓力，同時又不無「拉臺灣、打中共」的策略存在。基本來說，東南亞國家長期以來一直將中共視為其主要的安全威脅之一，特別是在中共與越南發生西沙群島海戰以來，東南亞國家認為中共所表現的正是逐步擴充的作法，一九九五年所發生且延續至目前的美濟礁事件更是另一支持上述看法的例證。所以，東南亞國家對於中共所採取的態度基本上是屬於防堵性質。

第二節　南海會議對共同開發的討論

南海會議在其第二屆的會議聲明中即表示「在領土主張衝突的區域內，相關國家得考慮採行使雙邊獲利的合作之可能性，〔此種合作〕包括了資訊的交換與共同開發」。在第三屆的南海會議聲明中持續此一議題，表示「與會者支持對生物與非生物資源進行評估的構想，以及研究進一步合作的方向，使此種合作不致對領土主權的問題有所影響或是企圖惡化問題」，[6] 並且強調在第二屆會議中所獲得的成果，以及與會者建議各自政府「在爭端區域中進行不損及領土主張並符合相關國家共同利益的合作」。[7]

在此一熱烈的氣氛之下，第三屆南海會議並同意設立關於資源評估與開發方式(resources assessment and ways of development)和海洋科學研究(marine scientific research)兩個主題的專家技術工作小組。針對前者，會議同意「召開技術會議，以合作進行對於生物和非生物資源的評估事項，與合作發展〔評估〕基本規則的選項，這包括了在尚待定義區域內從事共同開發的可能性。」[8] 證諸事後的發展，此一研究的基本架構在某些領域的探討方面進行了各參與國家的意見交換，但是成效仍有待評估。

不過值得觀察的是，在一九九三年所召開的「資源評估

---

[6] Statement of the Third Workshop on Managing Potential Conflicts in the South China Sea. Yogyakarta, Indonesia 29 June - 2 July 1992, para. 5.

[7] *Ibid.*, para. 9.

[8] *Ibid.*, para. 13. 括弧內文字為作者所加。

與開發方式技術工作小組會議(Technical Working Group on Resources Assessment and Ways of Development, TWG-RAWD)」共確認了四個有待努力的重點領域，亦即：漁業、礦物、碳氫化合物和其他資源(fisheries, hard minerals, hydrocarbon, and other resources)。[9] 在漁業部分，該次會議同意「應採取魚群評估的合作行動，並以判斷魚群豐度和分佈為目標，使其得以符合養護、適當管理、最高可捕量、以及魚群最大利用之原則」，同時並決定「魚群評估活動應當涵蓋整個南海區域」。[10] 此一將活動範圍涵蓋整個南海海域的概念，係符合魚群之活動範圍，在實務上無法將其限定在

---

[9]   Hasjim Djalal, "The Relevance of the Concept of Joint Development of Maritime Disputes in the South China Sea," paper presented at the Second Meeting of the Study Group on Zones of Cooperation, Bali, Indonesia, June 27 – July 1, 1999, pp. 4-6. 見王冠雄，*赴印尼參加第二屆南海合作區域研究小組非正式會議報告書*，民國88年7月，附件十二。

[10]   *Ibid.*, p. 5. 特別在漁業資源評估方面，一九九七年第八屆南海會議進行中，泰國曾就其負責之聯合魚群評估部分提出報告，認為如能就這些資源做出詳細的研究，不僅可以增進對資源內容及分佈情形掌握深層的知識，更可以為將來更進一步的合作提供一個友好的環境與氣氛。若由此角度來看，資源評估也可被視為是信心建立措施的一部份，然而目前最重要的是該使用何種研究方式來進行本項計畫。基於此點，泰國提議進行一項聯合海洋研究與海洋調查(joint marine research and oceanographic survey)，在此計畫下，泰國提供其海洋研究船，各國可派員上船參與研究，並且研究的區域包含了全部的南中國海海域。見王冠雄編，*赴印尼參加第八屆處理南海潛在衝突研討會報告書暨附件*，民國87年元月，頁6。

某一特定區域內。然而在論及礦物、碳氫化合物和其他資源的討論領域時，此種概念就不是如此順利地適用到這些領域了。

　　以礦物部分來說，雖然在 TWG-RAWD 1993 會議中同意對礦物資源的研究「應當由交換與分析各自國家內所擁有之地質與地球物理的資料著手，並儘可能地包括在南海海域內可能發現潛在礦物資源的詳細評估」，目標在「產生對南海海域內潛在礦物資源的資料地圖彙編，使其可使用在南海海域內進一步合作之努力上」。[11] 此一敘述顯然企圖規避對於研究區域的界定，而在事後多次的會議討論中，也對礦物資源蘊藏可能性之研究多表敏感。

　　至於碳氫化合物部分，其顧慮亦與前段所述相差不遠。雖然在 TWG-RAWD 1993 會議中參與國家同意「在不損及個別國家的主張下，對於南海海域中適當的沈積海盆進行初步的聯合研究」，並且該研究「應當由核對、交換和詮釋各國已有之地質、地球物理和地球化學資料做起，或是由其他相對容易取得之資料來源做起」，「並且應當以長期之眼光，使用適當的碳氫化合物評估分析技術從事之。」[12] 而其他資源部分，依據 TWG-RAWD 1993 會議的看法，應為「在各方主張的海域中定義一塊供作海洋保護或海洋公園的區域，並對之進行可行性之探討」。[13] 然而一件雖經多次討論，但仍無法解決的議題是定義出一塊可供海洋保護或海洋公

---

[11]　Djalal, *supra* note 9, p. 5.

[12]　*Ibid*., pp. 5-6.

[13]　*Ibid*., p. 6.

園的區域。[14] 這明白的揭示，各國仍然畏懼此一可能涉及主權內容的發展。Djalal 在第十屆南海會議中檢討時，也明白表示「參與者無法將領土或主權議題與合作需求分離」，和「參與各方無法對領土議題達到諒解」是南海會議所遭遇到的難題，同時「在共同開發方面，說要比做來得容易，特別是關於資源管理的議題。」[15]

第三節　南海會議架構下之合作區域研究小組對共同開發的討論

在一九九七年第八屆的南海會議中達成共識，將成立一合作區域研究小組(Study Group on Zones of Cooperation)，並在次年召開會議，以對未來在南海海域中進行「共同開發」的可能性、模式、開發區域等問題進行討論，其中特別是對於現有之共同開發案例進行瞭解。成立研究小組一事，在南海會議的架構中，算是一個新的發展，因為在其主題上已經標明了這一小組係針對合作進行研究，此外也脫離了南海會議中原有之專家小組會議與技術工作小組會議的架構，另外成立新的討論空間，似有加強推動共同開發的隱含意義。

同時，由國際上對「共同開發」的實踐來看，其過程不離「爭端國海域主張之確定」、「爭端國間重疊海域範圍之確

---

[14]　*Ibid.*

[15]　Comments by Ambassador Hasjim Djalal on the Progress of the Workshop Series in the Last 10 Years, presented at the Tenth Workshop on Managing Potential Conflicts in the South China Sea, Bogor, 6 December 1999. 見王冠雄，*出席第十屆處理南海潛在衝突研討會報告書*，民國 88 年 12 月，附件四。

定」、「共同開發合作對象之確定」、「共同開發方式之確定」
等階段,在這些階段中,實際上牽涉到了法律、經濟、與工
程技術等層面,而且在談判過程裡,各國為了不失其談判立
場及國家利益的原則之下,冗長的談判過程是可預期的。在
南海會議的架構中成立此一研究小組,應有為此一冗長過程
進行先期適應的意味。

一、第一次會議[16]

本次會議由寮國外交部外交學院(Institute of Foreign
Affairs)主辦,於一九九八年六月十五至十七日在該國首都永
珍(Vientiane)舉行,由於本會議係屬「南海會議」體制下新
成立之「研究小組(study group)」的架構,因此會議的進行
方式頗具學術研討氣氛,主要係就現有國際合作與共同開發
案例及其經驗進行探討。

關於共同開發案例的介紹有日韓大陸礁層共同開發協
議和冰島－挪威案,世界最大鹹水湖裏海(Caspian Sea)石油
資源的探採狀況,此皆屬區域外的共同開發案例。而在區域
內的案例方面,有泰國－馬來西亞及馬來西亞－越南石油共
同開發區的介紹及討論,印尼－澳洲帝汶缺口(Timor Gap)
協議的內容,以及英國－阿根廷福克蘭群島漁業資源養護
區。整體說來,本次會議的討論較偏重於對南海區域內外所
出現共同開發案例的說明,而且集中在石油天然氣資源的共
同開發上,重心顯得有些偏頗。

---

[16] 除另有引註者外,本節內容主要係整理自拙編,赴寮國參加
南海合作區域研究小組非正式會議報告書,民國87年6月。

　　共同開發所涉及的內容，並不限於石油天然氣的碳氫資源開發，更包含了海洋環境保護、漁業資源的調查與養護管理、海洋科學研究等事項，而這些合作的內容及後果，又勢必會與法律事務連結。因此此次會議的性質雖屬新設之 Study　Group 等級，但其重要性及影響力絕對不亞於已設立之技術工作小組會議及專家小組會議。

　　然而觀諸此次區域合作內容的討論，幾乎集中在針對石油天然氣資源共同開發案例的討論上。此固然與該種資源的高價值有關，但也因為價值高，使得相關國家對此資源的管轄意願較高，進而讓糾紛更形複雜難解。在此情形下，筆者於會議中倡議共同開發或是共同合作應由簡單、不複雜、較具可行性的項目著手先行，例如漁業資源的養護與管理即是一例。此一建議也獲得與會人士的支持，並有計劃在下次的會議中開闢有關漁業資源合作的場次進行討論。

　　總結來說，要想在南海地區中達成共同開發的安排，特別是多邊的和涉及礦物與碳氫化合物等非再生性資源，在可預見的未來，非常不易達成。因為共同開發的龐大工程設計中涉及到開發區域的界定、資源蘊藏地點的確定、資源量的評估、開發的方式、投資及獲利的分配等細節，在實際的談判上將會遭遇許多不可預期的阻礙。寮國出席第九屆南海會議的代表在其報告第一次會議主辦情形時，即明白指出共同開發在推動、管理與監督、共同開發機構所能具有的管轄權、以及在管轄區域內民刑法的適用等方面仍極複雜，有待進一步的討論。[17] 不過，與會代表均理解到共同開發並非永久性，其可被視為達成最終劃界前的暫時措施，並且符合海洋法公約的規範。[18]

二、第二次會議[19]

延續一九九八年在寮國永珍第一屆會議及第九屆「南海會議」之決議，本次南海合作區域研究小組會議由印尼外交部主辦，於一九九九年六月二十八日至三十日在該國峇里島舉行。會議中除探討現有共同開發案例及其經驗之外，並檢視在南海海域進行共同開發與共同合作之可能性。

本次會議中所討論的案例與去年加以比較，顯有相當大的重疊性，但是在各個案件的討論深度方面有所不同。例如針對區域外的共同開發或合作的部份，有英國與阿根廷在福克蘭群島的漁業養護區之介紹，與裏海石油資源的探採現狀。在區域內的案例方面，有泰國－馬來西亞及馬來西亞－越南石油共同開發區的進一步介紹及討論，和印尼－澳洲帝

---

[17] Phoukhao Phommavongsa, "Report on the First Meeting of the Study Group on Zones of Cooperation in the South China Sea," presented at the 9th Workshop on Managing Potential Conflicts in the South China Sea, Jakarta, December 1-3, 1998, para. 4. 見王冠雄，*出席第九屆處理南海潛在衝突研討會報告書*，民國87年12月，附件十。

[18] *Ibid*., para. 2. 亦見 Statement of the Informal Meeting of a Study Group on Zones of Cooperation, Vientiane, Lao PDR, June 15-18, 1998, para. 8(c).

[19] 本節內容係整理自拙編，*赴印尼參加第二屆南海合作區域研究小組非正式會議報告書*，民國88年7月。

汶缺口協議的內容有所分析，在這兩個案件的討論中，關於當事國在共同開發區域內的管轄權劃分問題曾被提出，特別是對在合作區域內發生的民刑事案件，應當做如何之處理等問題均有探討。與去年不同的是，今年增加了中共與日本在一九九七年所簽訂的東海漁業協定的介紹。

值得注意的是，在共同開發的案例中，極易見到「共同開發之達成，並不會妨礙締約國間界線的劃定」之規定，然而在共同開發的過程中是否會同時進行劃界的談判？在實踐上則是，泰國與馬來西亞在共同開發協議進行過程中，已經暫時停止劃界議題之討論，轉而致力於資源之開發工作。而帝汶缺口協定則有不同的情形，在該協定簽訂之後，印尼與澳洲簽訂了雙邊的專屬經濟海域劃界協定，易言之，對共同開發與專屬經濟海域劃界二者採取平行的處理態度。

會議最後決議將向第十屆南海會議建議繼續進行本研究小組的討論模式，並且在西元二〇〇〇年繼續召開會議，以「持續檢視區域內外所發展出不同類型之海洋合作；確認得以在南海海域適用之形式、樣例或實踐；探求南海海域中進行石油活動與其他領域商業合作之可能性」。[20]

然而遺憾的是，自一九九九年之後，由於預算的緣故，南海會議及其相關會議無法繼續如以往一般正常進行，合作區域研究小組會議也因此暫停召開。

---

[20] Adian Silalahi, "Report on the Second Meeting of the Study Group on Zones of Cooperation in the South China Sea," para. 3(d). 同註 15，附件八。

第四節　本章小結

印尼與加拿大共同主辦的南海會議曾經被認為無法發揮實質的影響力，原因在於其預設的「非官方」特性，然而這又是其在本質上不得不然的結果。但是經過了數年的發展後，實際的情況顯示了雖然會議中討論的結果並不必然會受到各國政府的考量或重視，但是會議本身提供了一個可以讓相關國家坐下來，並且實質交換意見的場所，這是在整個南海爭端發展過程中唯一出現的運作機制，雖然它是非官方、非正式的機制。因此在「非正式」的環境及氣氛中，「正式地」交換意見應是對南海會議的貼切描述。

在此種環境之下，南海會議的確就「共同開發」或「共同合作」進行了若干嚴肅的討論，也出現了對於合作或開發項目的分類，但是在實證過程中卻會受到「主權」因素的影響，導致討論結果無法有效推行。在目前的階段，我們實在無法評斷南海會議的成敗，畢竟在提供會談的機制這一點上，它的貢獻仍是值得肯定的。

第六章　南海海域共同開發之可能發展

探討過其他已經進行共同開發的案例與經驗後，面對地理形勢特殊的南海海域，如果考慮將共同開發列為解決南海爭端的方式之一，則必須建立若干對共同開發的基本理解，以及思考可能的發展方向。本章將就這些項目進行分析。

第一節　南海海域進行共同開發的幾點思考

首先，在凝聚南海海域區域共識上，以下對共同開發的本質及瞭解需先建立：

- 為解決詭譎多變的南海爭端，共同開發的過程將會極端冗長與複雜，這是可以預見的發展。因此，參與各方應持有自制、互信、行為透明化的態度。

- 共同開發的目的乃在解決現存之糾紛，以確保區域內的和平、安全、和平與穩定。

- 共同開發的精神符合聯合國憲章中以和平方式解決紛爭的內涵。

- 相關國家可以官方身份涉入共同開發的過程及方式，但若為降低政治敏感度，亦可形成非官方的組織或團體。

- 由於共同開發具有一九八二年聯合國海洋法公約中第七十四條第三項與第八十三條第三項所規範的「臨時安排」的特性，因此共同開發是臨時性的，當共同開發的資源項目開採完畢，該特定項目的共同開發即告終止。
[1] 但是，也會因為共同開發項目的持續進行與建立互
信，不排除使得共同開發的項目擴大至其他合作領域或
合作項目的可能性。

◈ 在一九八二年聯合國海洋法公約的架構下，南海海域符
合該公約第一二二條所規範之「半閉海」性質，因此南
海週邊國家應互相合作，協調海洋生物資源的管理、養
護、探勘和開發、保護和保全海洋環境、以及進行聯合
海洋科學研究等事務。

◈ 共同開發的進行並不會影響到相關國家各自對共同開
發區域的主權主張，此為共同開發最重要的精神之一。
同時，相關國家也不放棄未來有達成最終劃界的可能。

◈ 南海海域共同開發的地理範圍在南海，因此參與方應限
定在現有提出主權主張的各方，同時為避免引發互信不
足的顧慮，若非為了功能性的考量，應排除區域外國家
的參與。

◈ 為達資源永續發展與利用的目的，共同開發的手段應不
只在利用資源，也應在養護與管理資源。特別是對於南
海海域中珍貴的生物資源，共同開發應致力於該種生物
資源的保護與養育，以供區域內國家世世代代之利用。

◈ 參與共同開發的各方，在其管轄或控制範圍內，應致力

---

[1]　指可耗竭的非生物資源，例如石油與天然氣。

於不做出破壞合作精神的行為。

✛　共同開發不只是目的，也是過程。參與各方透過共同開
　　發的過程，建立彼此間的互信，透過相關項目的共同開
　　發與共同合作，創造進一步合作的氣氛。並能將合作的
　　項目與層次由功能性的項目入手，由簡單、不複雜、較
　　具可行性的項目著手先行，逐步擴大合作的效應，對於
　　維護東南亞和平穩定的國際環境應有所助益。

基於上述的瞭解，筆者提出的共同開發原則建議可為：

一、共同開發的參與者

決定共同開發的參與者有兩個層次，第一是以涉及島嶼
主權主張重疊的國家為主，亦即包括了我國、中共、菲律賓、
越南、與馬來西亞，由於這些國家的領土主張實質上發生重
疊，故應當為基本的參與者。第二個參與者的層次是，除了
上列國家之外，再加入屬於南海沿海國的汶萊、印尼、泰國、
新加坡、柬普寨、和屬於地理不利國的寮國，如此可以尊重
這些國家的沿海國權益。而且在進行某些功能性的共同合作
或共同開發項目方面（例如：漁業資源的評估、海洋環境污
染的調查等），若缺少了該等國家的參與，將會造成工作無
法順利完成。

但是為了避免區域外勢力涉入南海事務過深，也為了避
免中共做出無謂的抗爭，進而拖延了共同開發技術性與事務
性工作的進展，建議此一區域內的共同開發事務應盡可能地
避免區域外國家的涉入，而以區域內國家能夠提供及負擔的

合作事項為主，在此種安排之下，我國可以就專長項目（例如漁業資源的評估、保育、採捕、行銷等）進入合作領域，並在未來有可能佔有重要地位的合作事項（例如海洋環境保護及各項目之海洋科學研究），適時提出實質性的承諾，以避免引入過多區域外國家的資金或協助，而失去主導的力量。

二、共同開發的地理範圍

共同開發的地理範圍與參與者之間有密切的關係，如果將前述第二類的國家加入成為參與者，則本研究建議應將以地理定義的南海為工作範圍。但若是將參與者限定在領土主張重疊的國家，則共同開發或共同合作的地理範圍可以縮小至重疊的海域中。[2]

但是上述者僅為原則，在實際的談判運用上，建議將擴大的範圍作為談判的前進籌碼，視實際情況再做若干的調

---

[2] 學者傅崑成對於南海水域曾經提出其「三層級論」：第一層級為整個「半封閉海」之「南海」，各國可以依照一九八二年聯合國海洋法公約第一二三條之規定，對其中之生物資源、環境、航運及科學研究事項進行合作，但是需注意的是非生物資源並不在規定中。第二層級則為一九四七年 U 形線內中國人的歷史性水域，中國人享有諸如資源管理之優先權利、海洋環境保護與保全之優先權利、海洋科學研究之優先權利、航海及航空交通管制之權利。第三層級則為西沙、南沙群島以直線基線畫出兩三塊「群島水域」，中國人在此水域內雖享有完整排他之主權，但是並不妨礙其他國家之過境通行權。見傅崑成，*南（中國）海法律地位之研究*（台北：一二三資訊，民國八十四年），頁 208-210。

整。同時，此種策略對我國也有利。因為根據中國石油公司所提供的資料顯示，目前南海海域中蘊藏石油及天然氣之區域主要係集中在接近越南、印尼、馬來西亞、菲律賓等國家的沿海區域中，[3] 易言之，這些區域均位在我國所宣示的 U 形線之外，我國並不具有地理位置上的優勢，因此，在策略上採取將整個南海作為共同開發的區域，對我國應是較為有利的。

三、共同開發的項目

本研究建議在共同開發項目的選擇上，應由功能性的項目入手，由簡單、不複雜、較具可行性、且有急迫性的項目著手先行，再逐步擴大合作的效應，同時亦應配合我國的實際作業能力，俾期在參與的過程中能夠具有實質的貢獻。若依此原則，可以先期進行共同開發的項目有：

➢ 生物資源的評估、保育與利用：生物資源的移動不受人為界限的限制，而且環南海國家對於魚肉蛋白的攝取也佔有極高之比例，因此對於生物資源的評估、保育與利用就顯得相對地重要。我國在漁業活動上的相對優勢能力，可以提供其他合作國家在生物資源的評估、保育、採捕、行銷等方面的協助，也可因此能在此一合作項目上保持主要影響者的地位。

---

[3] 謝世雄，「國際海洋法制度下之海域礦產開發（中國東海及南海油氣資源情勢）」，刊於內政部編印，*海洋政策與法規論叢*（台北：內政部，民國八十六年六月），頁 294, 296。

➢ 海洋環境保護：海洋環境保護對於屬於半閉海地理性質的南海來說顯得非常重要，因為任何海洋污染事件的發生，都會對於南海整體海洋環境發生程度不等的影響。海洋環境之保護，經緯萬端，然南海週邊國家似可共同對於利用南海作為運輸通道的船舶（特別是油輪）要求提供某種程度之金額，以之作為讓南海海洋環境保護工作運轉的基金。在一九九八年十月所舉行的第三屆南海法律事務技術工作小組會議中，曾經討論了麻六甲海峽周轉基金(Malacca Strait Revolving Fund)的運作，並以此為基本模式，考慮設立其他的周轉基金，以應付處理或賠償其他海域內污染所產生的成本。[4] 然而因為由一九九七年夏天開始的東南亞金融風暴，已經使得大多數的東南亞國家國內經濟元氣大傷，無暇再顧及其他需耗費預算的事務。

➢ 海洋科學研究：南海諸島礁大多係屬珊瑚礁之成分，極易受到海浪的侵蝕而產生面積與高度的變化，因此對於海浪的強度與流向，向為南海週邊國所留意者。此外，

---

[4] Ian Townsend-Gault, "The Use of Revolving Funds for Financing Marine Pollution Response," Paper prepared for the Third Meeting of the Technical Working Group on Legal Matters in the South China Sea, Pattaya, Thailand, October 12-16. 另外關於海域油污的責任賠償法律討論，見 Gotthard Gauci, *Oil Pollution at Sea* (New York: John Wiley & Sons, 1997) Chapter 2; R. B. Mitchell, *Intentional Oil Pollution at Sea: Environmental Policy and Treaty Compliance* (Cambridge, Massachusetts: The MIT Press, 1994).

聯合國進行一項關於颱風的觀察與形成的研究，南海自為不可缺少的一個區域，而我國位於颱風必經路線，對於颱風的研究已有相當的基礎，可以在此一方面提供研究成果與技術。其他如因全球氣候暖化所造成的海平面上升現象，和海水紅潮現象等，均為各國所重視之研究課題，也是值得發展成為共同合作的項目。

➢ 海運交通安全：南海向為聯絡印度洋與太平洋的交通要道，亦為溝通日本、南韓國等東北亞國家或地區與中東或歐洲國家經濟與貿易的重要海運路線，然而在天然環境上除有大小島礁造成船舶在運動時之不便外，南海區域亦是海盜猖獗之海域。為使此一繁忙且重要的海運交通線能持續發揮其溝通的效能，週邊國家有必要進行海道之測量與打擊海盜犯罪行為。然而海道之共同測量可能涉及各國管轄海域內水文資料之交換，勢必與國防機密產生聯想，因此並不利於構成共同合作。至於打擊海盜犯罪，由於海盜行為已經成為國際法中之各國皆可管轄之犯罪，因此建構成為共同合作之項目應較為可行。除以上所述項目之外，海難之搜救(search and rescue)亦為可資進行合作的方向。

➢ 海洋公園（觀光）的設立：此一項目應較具和平使用區域資源（觀光資源）之性質，而且有些國家已經開始朝此方向運作。筆者認為，不管各國是否能在南海海域內達成具觀光性質的海洋公園之合作設立，我國應積極朝此方向推動，即使是我國單方向推動在南海海域的觀光事業。蓋觀光事業之推動最不具政治考慮，然由出入境證照之發放，正足以顯示出我國對於管轄範圍內島礁的主權。

至於如非生物資源（石油與天然氣）的探勘與開發、軍事活動的透明化等項目，因為涉及資源的有限性與國防安全的機密性，在目前相關國家仍然缺乏互信的狀況之下，並不易達成。因此，建議列在優先等級較後的部分，待先期之合作能夠進行，參與國之間建立相當之互信心之後再行考慮。

四、共同開發海域中的管轄

在共同開發海域中，除了因開發項目所連帶發生的管轄行為之外，另有其他種類的行為需列入管轄的範圍內，並事先加以區分，俾使行為發生後不致產生管轄權力競合或管轄權力真空的問題。該等行為有刑事行為的管轄、民事行為的管轄等。

五、共同開發的層級

由於我國所面臨的惡劣外交環境，若將共同開發的進行方式推導至官方的層次，則對我國並不有利，反而可能因外交上的困境，進而影響到我國的參與。筆者建議我國應當強調共同開發的臨時性質，相關國家間進行共同開發並不一定會形成外交上的後果，以此解除中共可能出現的負面反應以及其他週邊國家過度的政治聯想。

第二節　可能發展合作之型態

一、漁業資源開發、養護及管理合作

　　一九八二年台灣省水產試驗所公佈了該所花費五年時間所做的「南海陸坡拖網漁場調查研究」成果，指出東經二十六度四十分至二十五度卅分、北緯二十度五分至二十度五十分的南海海域，是整個南海漁獲量最高的地區，每小時網次可得 381.4 公斤的漁獲，種類超過六種以上，極具開發價值。[5] 除此之外，南海週邊國也有若干針對漁業資源所做的調查研究，但大多限於地區性的研究，對於全面性的魚資源調查仍缺乏詳細的數據資料。故對於此一地區漁業資源的調查、開發、養護、以及管理，急待週邊國家的合作方能達成。

　　若就經濟面來觀察，目前因為南海紛爭之故，台灣漁民在此一漁場作業者較少。但是，如果漁船作業安全問題可以解決，台灣漁民還是會增加到此漁場作業的機會。依據戚桐欣的報告指出：若能在沙洲或淺灘上安置一些人工聚魚設備，讓洄游魚群能夠聚集滯留，則提高漁場價值是可以預期的。[6] 此外，雖然台灣漁船並不以南海地區為主要之作業漁場，然某些高價值之漁獲在台灣有其市場（如海參、魚刺、石斑魚等），而如菲律賓及印尼等高經濟魚類洄游路線到達的國家，又以魚產品外銷為其重要的經濟收入。因此由經濟

---

[5]　*中國時報*，民國八十二年九月八日，第四版。

[6]　戚桐欣，「共同開發南海資源」，*南海諸島學術討論會論文*，海南省海口市，一九九一年九月十八日，頁 12。

面考量，週邊國在漁業方面的合作可以使各國均蒙其利。

二、礦物開採合作

　　如同前面所提到的，南海地區蘊藏了豐富的非生物資源，特別是碳氫類資源。但是非生物資源的特色即是消耗性的及無法重新累積的，這與漁業資源大不相同。因此只要一國在爭端地區進行探勘或是開發碳氫類資源，勢必會招致其他週邊國的抗議，甚至威脅。[7] 因此，除非有良好的，而且是被所有週邊國信任的作業規範存在，否則在目前想要進行礦物資源的探勘及開採均是不實際的作法。

　　但是，在台灣海峽南部海域，我國與中共已經開始了一項合作探勘石油的計畫。該項探勘合作計畫係由我國的海外石油及投資公司與中共的中國海洋石油總公司一九九六年七月十一日在台北簽訂「台南盆地和潮汕凹陷部分海域石油物探協議」，經過兩年的協議期間後，於一九九八年五月二十九日正式啟動。[8] 該協議所規定的石油探勘合作區，毗鄰

---

[7]　例如在一九七九年時，中共宣佈與外國研究單位簽訂南海地形探測計畫，立即招來越南的抗議，越南甚至表示該外國研究單位須為其探測行為承擔後果。同樣的，一九九二年五月間，中共與美國克里司東(Crestone Energy Company)公司簽訂一項外海探油契約。面對來自越南的強烈抗議，中共表示他將以其海軍武力保護與克里司東公司的契約履行。S. S. Harrison, "Conflicting Offshore Boundary Claims," *China Business Review* (May-June 1983), pp. 51-53; M. Vatikiotis, "China Stirs the Pot," *Far Eastern Economic Review* (9 July 1992), pp. 14-15.

[8]　*中國時報*，民國八十七年五月三十日，第十四版。

台灣海峽水域，位於高雄市以西約二百五十公里和廣東省汕頭市以南約一百五十公里處，總面積達一萬五千四百平方公里。[9]

依據該協議的規定，雙方派員組成聯合作業委員會，負責實施震測作業。（第三條第一項）實施工作所生的工作費用和其他費用由雙方各按百分之五十比例分攤，雙方在協議中所享有的權益亦分別為百分之五十。（第三條第二項）同時，在協議中也規範了撤銷協議區面積的作法（第五條）：若選擇不簽訂石油合約終止本協議時，協議區的全部面積應分別歸還給原提供方；若選擇簽訂石油合約終止本協議時，協議區中如有剩餘的面積，該面積應歸還給原提供方。

雙方探勘資料經過六次定期討論，其中三次在深圳，三次在台北，雙方均認為在協議區新發現地質構造，值得雙方再合作進行鑽探投資，初估在台南盆地與潮汕凹陷部分海域構造的石油蘊藏量，可能達到三億桶左右。對此順利進行之合作，雙方於二○○二年五月十六日共同簽署共同簽署台潮石油合約，持續此一合作探勘工作，並且不排除在石油相關事務方面有進一步合作的可能。[10]

若依據本書對南海範圍的定義，「台南盆地和潮汕凹陷部分海域石油物探協議」的作業區應可算是位於南海海域的

---

[9] 同前註，「台南盆地和潮汕凹陷部分海域石油物探協議」第二條。亦見郭博堯，「從兩岸合作探油看我國石油產業發展」，國政研究報告，永續(研)091-004 號，民國九十一年五月二十九日。

[10] *中國時報*，民國九十一年五月十七日，第十一版。

範圍內。此一海域完全屬於海峽兩岸的管轄範圍，並不涉及其他南海週邊國的主張，但是兩岸合作的作法，在降低緊張氣氛，並塑造和平解決爭端的環境來說，是一相當值得肯定的發展。至於此一發展是否能擴展到南海海域的其他區域（特別是南沙群島海域），則尚待觀察，然就資源的珍貴性與容易耗竭性來看，在南沙海域進行此種合作的氣氛尚未形成。

三、其他領域的合作

由於各國主觀意識的相互排斥，使得在短期中達成南海爭端以談判方式解決的可能性極低。以軍事行動來解決問題的做法，實不無可能。同時，週邊國家持續在南海海域進行軍事行動也不曾或歇，英國出版的詹氏防衛週刊即報導越南已經向北韓購買了兩艘柴油動力的潛艇，準備部署在南沙群島水域內。[11]

在當前的後冷戰時期，中共想要在南海地區填補美蘇撤退後所留下的權力真空，已經成為此一區域潛在的威脅。[12] 自從一九八五年起，中共即加速其海軍現代化的步伐，並且增加了它在南海地區的海軍活動。[13] 就海空軍武器裝備來

---

[11] 　*中國時報*，民國八十八年二月一日，第十三版。*中國時報*，民國八十八年二月三日，第十四版。

[12] 　H. K. Leong, "The Changing Political Economy of Taiwan-Southeast Asia Relations," 6 *The Pacific Review* (1993), p. 38.

[13] 　J. You and Xu You, "In Search of Blue Water Power: The PLA Navy's Maritime Strategy in the 1990s," 4 *The Pacific Review*

看,中共所擁有的軍隊及裝備無論在質或量上均足以對付此
一地區的週邊國,特別是中共在永暑礁建立基地之後,其補
給能力大為增加,其戰力所能涵蓋的作戰半徑更為向南擴
張。而中共在一九九五年佔領美濟礁的作為除了展示其企圖
心之外,更是讓南海週邊國對中共有所戒心,因此現階段討
論軍事方面的合作並不恰當。

第三節　本章小結

　　在爭端區域內進行共同開發或合作的事務必須建構在
願意捐棄原有的主張,但是共同開發最重要的精神之一,即
在於此種捐棄的作法並不會影響或損及相關國家各自的主
權甚或主權權利的主張。在此認知之下,若企圖在南海海域
進行共同開發,由於各爭端國間的互信仍嫌不足,因此在選
擇合作的項目上,應當以簡單、不複雜、較具可行性且有急
迫性的項目著手,本章選擇了漁業合作、碳氫化合物探勘合
作、以及軍事合作三個項目作為抽樣檢視的標的。比較之
下,要以漁業合作較為符合「簡單、不複雜、較具可行性且
有急迫性」的要求。下一章將以此為出發點,詳細探究漁業
合作的本質與內涵。

(1991), pp. 137-149.

第七章 南海海域進行漁業合作之分析[1]

　　由地理形勢觀之，週邊國家所主張的管轄區域實已涵蓋了南海全部的範圍。換句話說，南海海域中實已無法繼續存在公海的區域。然而若以漁業資源的利用而論，存在於公海中的漁業資源管理原則可以擴張應用在沿海國管轄重疊的海域中，南海即是一例。

　　本章將由公海漁業管理制度的發展做為起點，進而確認建立區域合作架構的必須性，並探討在南海海域中建立漁業合作機制的內涵。

第一節　公海捕魚自由所受到的限制

　　西方法學家曾經對海洋主權的歸屬有過爭辯，[2] 然而對於公海自由仍然有著相當程度的捍衛。回顧海洋法的發展，

---

[1]　本章係重新整理並經更新資料自拙著，「一九八二年後公海捕魚自由的發展與轉變」，收錄於國際法論集，丘宏達教授六秩晉五華誕祝壽論文集（台北：三民，民國九十年），頁 69-87。

[2]　在格勞秀斯(Grotius)的「海洋自由論」(Mare Liberum)中，他主張海洋無法且不可成為一國的財產，因為海洋是商業的通路，而且海洋亦無法經由佔領而產生擁有的結果。因此，就其本質來說，海洋絕對無法成為一國的主權行使地。對此論點反對最烈的為雪爾頓(Seldon)的「海洋封閉論」(Mare Clausum)。Robert Jennings, Sir and Arthur Watts, Sir eds., *Oppenheim's International Law*, Vol. 1, Parts 2 to 4, 9th Edition (London and New York: Longman, 1992), p. 721.

由對距離概念的擴張管轄權（例如領海寬度擴大到十二浬[3]
和二百浬專屬經濟區[4]或專屬漁業區的成立），到針對魚群
概念的功能性管轄（例如跨界與高度洄游魚群的養護與管
理）和對公海中某些漁法的限制（例如流刺網的使用），[5]均
顯示出不只是公海的面積在減少，且公海捕魚自由的內容也
受到持續增加的限制。而就捕撈及養護公海漁業資源的層面
來看，公海漁業國並非決定者；相反地，沿海國卻扮演著不
可或缺的角色。[6]這種角色的變動，亦適足以反映出公海捕
魚自由實質內容的變化，亦即公海自由的內容已經受到空間
與功能上的壓縮。

　　早在一九五八年的日內瓦公海公約中，就已經定出捕魚
自由是公海自由中的一個重要項目，而一九八二年海洋法公

---

[3]　海洋法公約第三條。

[4]　海洋法公約第五部份。

[5]　關於公海流刺網的使用及禁絕問題，曾有許多的學者加以討
論，以下僅舉其中大要者：Simon P. Northridge, *Driftnet
Fisheries and Their Impacts on Non-Target Species: A Worldwide
Review*, FAO Fisheries Technical Paper, No. 320 (Rome: FAO,
1991); D. M. Johnston, "The Driftnetting Problem in the Pacific
Ocean: Legal Considerations and Diplomatic Options," 21 *Ocean
Development and International Law* (1990), p. 5; Song
Yann-Huei, "United States Ocean Policy: High Seas Driftnet
Fisheries in the North Pacific Ocean," 11 *Chinese Yearbook of
International Law and Affairs* (1993), p. 64; William T Burke, M.
Freeberg, and E. L. Miles, "United Nations Regulations on
Driftnet Fishing: An Unsustainable Precedent for High Seas and
Coastal Fisheries Management," 25 *Ocean Development and
International Law* (1994), p. 127.

[6]　Burke, *et. el.*, *ibid.*, pp. 132-133.

約第八十七條又再度強調了這項早已成為習慣國際法中的
重要原則。所有國家的國民都享有捕魚自由，這也同時表示
所有國家均有權利分享公海中所有的資源。但是海洋法公約
第八十七條第二款同時清楚地載明六項公海自由的行使，必
須要「適當顧及(due regard)」其他國家行使公海自由的利
益，而且公海捕魚自由也受到海洋法公約第七章第二節的限
制。這些限制明定於第一一六條中：

> 所有國家均有權由其國民在公海上捕魚，但受下列限制：
>
> (a)　其條約義務；
>
> (b)　除其他外，第六十三條第二款和第六十四至第六十七
> 　　　條規定的沿海國的權利、義務和利益；和
>
> (c)　本節各項規定。

　　根據本條的規定，公海捕魚自由受到兩方面的限制：第
一，「所有國家均有權由其國民在公海上捕魚」明白地指出
了公海捕魚自由的特性。但是這並不保證捕魚作業可在任何
區域及任何時間中進行，這種自由仍須受到條約義務及海洋
法公約中某些條款的約束；第二，規定在第(b)款中的魚群亦
為公海捕魚的限制之一，因此公海捕魚自由並非是毫無限制
的。[7] 而由國際間的實踐來看，加諸於公海捕魚自由的限制

---

[7] William T. Burke, *The New International Law of Fisheries: UNCLOS 1982 and Beyond* (Oxford: Clarendon Press, 1994), p. 95; Ellen Hey, *The Regime for the Exploitation of Transboundary Marine Fisheries Resources* (Dordrecht: Martinus Nijhoff Publishers, 1989), pp. 53-68.

有對魚群的限制、公海捕魚漁具漁法的限制和作業漁區的限制等項目。

　　對於漁具漁法的限制可以由一九八〇年代末期禁止使用大型流刺網的例子加以說明。流刺網的使用具有成本低、操作容易、與捕獲量大等優點，在短期之內受到許多公海漁業國的歡迎。但是這種漁法也招致許多的批評：對於捕獲物無選擇性，因此常有許多的意外捕獲物(by catch)，例如海豚、海龜、海鳥等；由於其為不會自然分解的尼龍製品，斷落的片段漁網在沈入海底後無法分解，造成海洋環境的污染；同時長度過長的網具往往造成經過船隻的障礙，而產生絞網的後果，這些對於環境所造成的影響遂匯聚成一九八〇年代末期禁止使用大型流刺網的巨大聲浪。

　　一九八九年五月，北太平洋國際漁業委員會(International North Pacific Fisheries Commission)[8] 的會員國同意經由派駐隨船觀察員、限制流網漁船數目、限制漁區與漁季等方式，藉以控制日本的流網漁業。同一年內，台灣、日本、以及韓國也分別與美國簽訂北太平洋流網協定，限制了這三國流網漁業在北太平洋區域的發展。

　　一九八九年七月，南太平洋論壇(South Pacific Forum)

---

[8]　簡稱 INPFC，該委員會係加拿大、日本與美國於一九五二年經由簽訂「北太平洋公海漁業國際公約(International Convention for High Seas Fisheries of the North Pacific Ocean)」而設立。INPFC 已於一九九三年因加拿大、日本、俄羅斯與美國簽訂 Convention for the Conservation of Anadromous Stocks in the North Pacific Ocean 並成立之 The North Pacific Anadromous Fisheries Commission (NPAFC)而告解散。

通過了塔拉瓦宣言(Tarawa Declaration)，[9] 在宣言中表示流刺網的使用「與國際法律要求對公海漁業養護和管理的權利及義務不相符合」，因此論壇尋求在南太平洋設立一個禁止流刺網的區域，藉此做為全面禁止的起點，並呼籲簽訂公約以成立一個無流刺網的區域。

　　在塔拉瓦宣言的刺激之下，同年十一月二十三日，一項名為「禁止在南太平洋使用大型流網捕魚之威靈頓公約(Wellington Convention for the Prohibition of Fishing with Long Drift Nets in the South Pacific)」開放簽署，該公約並於一九九一年五月十七日生效。[10] 該公約不僅將流刺網定義為長度超出 2.5 公里的流網網具，更將流刺網漁業的內涵定義為所有關於流網漁業的活動，包括了所有對流網漁船的支援行為，例如為流網漁船所用的電子集魚設備、魚貨的運搬和卸貨等。

　　而在聯合國的行動方面，聯合國大會分別在一九八九年十二月二十二日通過第 44/225 號決議、[11] 一九九〇年十二

---

[9] Tarawa Declaration, text reprinted in 14 *Law of the Sea Bulletin* (December 1989), pp. 29-30.

[10] Convention for the Prohibition of Fishing with Long Driftnets in the South Pacific (Wellington Convention), text reprinted in 29 *International Legal Materials* (1990), p. 1449; Final Act to the Wellington Convention, text reprinted in 29 *International Legal Materials* (1990), p. 1453; Protocol 1 to the Wellington Convention reprinted in 29 *International Legal Materials* (1990), p. 1462; Protocol 2 to the Wellington Convention reprinted in 29 *International Legal Materials* (1990), p. 1463.

[11] UN Doc. A/C.2/44/L.81, 22 December 1989.

月二十一日大會通過第 45/197 號決議、以及在一九九一年十二月二十日通過第 46/215 號決議，[12] 呼籲各國在一九九二年十二月三十一日前實施全球禁用流網。

　　肇始於國家的單獨行動，進而發展為區域性的團結行動，再至建立全球性的禁用流網整合行動，這一系列的發展及演變，已經明顯地展現了對於公海中使用漁具漁法的限制。

　　至於對公海海域中捕魚魚群的限制，自一九八〇年代中期始，對於公海漁業的管理已成為國際間一項重要的課題。這種現象的產生主要是因為對鄰接海域管轄權擴張的結果，使得漁業活動必須持續性地移往離岸較遠的公海區域中。然而，在公海中所捕獲的魚類卻可能反過來對沿岸國專屬經濟區中的養護與管理措施產生不良的影響，這種現象特別集中在對於跨界魚群(straddling stocks)和高度洄游魚群(highly migratory species)兩類海洋生物之上。根據海洋法公約的規定，跨界魚群是指同時出現在一國專屬經濟區內外的魚群；[13] 至於高度洄游魚群，於海洋法公約中則並無明確的定義，僅在該公約的附錄一中以條列的方式，訂出了十七種魚類為高度洄游魚群。由於這些跨界與高度洄游魚群成長週期中的活動範圍涵蓋了多個國家的管轄範圍以及公海，使得

---

[12]　United Nations General Assembly Resolution on Large-Scale Pelagic Driftnet Fishing and Its Impact on the Living Marine Resources of the World's Oceans and Seas, reproduced in 31 *International Legal Materials* (1992), p. 241.

[13]　一九八二年聯合國海洋法公約，第六十三條第二款。

沿海國因為在其專屬經濟海域或專屬漁業區等功能性管轄
範圍內出現該種魚群，並且制訂若干養護與管理的措施，進
而使得遠洋漁業國在公海上的漁捕行為受到規範與限制。[14]
而此種針對公海中捕撈魚群的限制，更是對於漁業資源養護
具有重大意義。

　　以上對於公海漁捕行為的多重限制，雖然跳脫出人類傳
統上對於公海捕魚自由的概念，但是也精確地反映出人類對
環境保護的反思，以及對於資源永續利用與發展的重視。因
為對海洋生物資源的永續發展與利用，不僅代表對於環境保
護的肯定，也代表著重視海洋生物資源對於人類糧食安全的
重要性。這種概念明確地表示在一九九五年十二月四日至九
日於日本京都所召開之「漁業對糧食安全永續貢獻國際會
議」(International Conference on the Sustainable Contribution
of Fisheries to Food Security)的宣言序言中：[15]

> 注意到世界人口持續成長，在現在與未來諸世代維持足夠
> 食物的需求，以及漁業對所有人類收入、財富和糧食安全
> 的重大貢獻，與其在若干低收入糧食短缺國家中的重要
> 性。

---

[14]　一九八二年聯合國海洋法公約第八十七條第一項中規定捕魚
自由為公海自由之一項，但是受到若干的限制，其中對於若
干魚群：跨界、高度洄游、海洋哺乳動物、溯河產卵種群及
降河產卵魚群即是其中所規範者。國際間對於養護與管理跨
界與高度洄游魚群的發展。

[15]　關於宣言內容，見
http://www.fao.org/fi/agreem/kyoto/H2F.asp#。檢視日期：2002
年5月25日。

第二節　公海捕魚自由在一九八〇年代後的發展

一、對跨界與高度洄游魚群的養護與管理

跨界與高度洄游魚群的問題是集中在公海生物資源的養護上，而其背後的含意則涉及沿海國與公海漁業國之間利益的糾紛。就公海漁業國的角度觀之，它所重視的是公海中漁業資源的利用與捕撈，它的利益端視該國漁業界的規模和公海中該魚群的多寡而定，換言之，若其遠洋漁業能力強，而且所欲捕撈的魚群又極豐富，則其利益較大，該國船隊在此海域中停留的時間會較長；反之，該國船隊則可能移往它處海域作業，故其利益規模是屬於長短期混合的。相對的，無論一個沿海國的漁業規模如何，它對跨界和高度洄游魚群的興趣和利益皆屬長期的，因為該魚群在公海中養護及管理是否適當，均會影響到在其專屬經濟區內漁業養護及管理制度的成敗，而這也是該沿海國在海洋法公約規定下的特別利益。[16] 所以對跨界與高度洄游魚群的養護與管理問題，無論是在公海中或沿海國專屬經濟區內，都是不可分割的。[17]

---

[16] United Nations, The Regime for High-Seas Fisheries, Status and Prospects (New York: United Nations, 1992), p. 30, para. 98.

[17] Burke, *supra* note 7, p. 84; F. O. Vicuña, "Towards an Effective Management of High Seas Fisheries and the Settlement of the Pending Issues of the Law of the Sea: The View of Developing Countries The Years After the Signature of the Law of the Sea Convention," in E. L. Miles and T. Treves, eds., *The Law of the Sea: New Worlds, New Discoveries*, Proceedings of the 26th Annual Conference of the Law of the Sea Institute, Genoa, Italy,

　　自一九八〇年代末期，跨界與高度洄游魚群的問題便成
為國際漁業界矚目的焦點，因為這牽涉到不同海域及不同國
家間的利益糾葛，近十餘年來，擁有豐富漁源的海域均陸續
傳出糾紛。以西北大西洋洋區為例，[18] 加拿大認為，以歐洲
聯盟(European Union)會員國為主的遠洋漁業國，在位於加拿
大二百浬以外之大灘(Grand Banks)中捕撈鱈魚及其他魚類
的行為，影響到在其漁業區中對於相同魚類的養護及管理措
施。[19] 一九九五年三月九日，加拿大逮捕一艘西班牙漁船，
該漁船當時正在位於大灘的漁場中捕捉格陵蘭大比目魚
(Greenland halibut)，這個事件導致加拿大與歐洲聯盟之間對

22-25 June 1992 (Honolulu: University of Hawaii, 1993), p. 415.

[18] B. Applebaum, "The Straddling Stocks Problem: The Northwest
Atlantic Situation, International Law, and Options for Coastal
State Action," in A. H. A. Soons, ed., *Implementation of the Law
of the Sea Convention Through International Institutions,*
Proceedings of the 23rd Annual Conference of the Law of the
Sea Institute, 12-15 June 1989, Noordwijk aan Zee, The
Netherlands (Honolulu: University of Hawaii, 1990), pp. 282-317;
Burke, *supra* note 7, p. 85; E. L. Miles and William T. Burke,
"Pressures on the United Nations Convention on the Law of the
Sea of 1982 Arising from New Fisheries Conflicts: The Problem
of Straddling Stocks," in T. A. Clingan, Jr. and A. L. Kolodkin,
eds., *Moscow Symposium on the Law of the Sea,* Proceedings of a
Workshop Co-sponsored by the Law of the Sea Institute, 28
November - 2 December 1988 (Honolulu: University of Hawaii,
1991), pp. 218-220.

[19] E. Meltzer, "Global Overview of Straddling and Highly
Migratory Fish Stocks: The Nonsustainable Nature of High Seas
Fisheries," 25 *Ocean Development and International Law* (1994),
pp. 297-305.

該漁場漁業資源的糾紛。[20] 一九九五年三月二十八日，西班牙並將此事件提交國際法院。[21]

此外，在太平洋的東中部海域，跨界與高度洄游魚群的問題則涉及美國與一些中美洲國家對於鮪魚的捕撈。就美國的觀點言之，沿海國不能在其專屬經濟區中管理鮪魚是其一貫的政策；然而就墨西哥及其他的中美洲國家來說，鮪魚是他們國家財政收入的重要來源之一，他們認為將鮪魚納入適當且有效的管理，是極為自然之事。[22]

針對此種日漸增多的糾紛，國際間召開連串的會議，企圖尋求解決之道。一九九二年的五月六日至八日，在墨西哥的坎昆(Cancun)市召開「負責漁捕會議」(International Conference on Responsible Fishing)，此次會議所通過的宣言成為日後「責任漁業行為準則」之濫觴，[23] 並對所謂之「負責漁捕」一詞定義為：[24]

　　漁業資源的持續利用應與環境協調；捕撈與養殖活動不應

---

[20]　*The Times*, March 11, 1995, p. 11; April 17, 1995, p. 1 and p. 7.

[21]　*ICJ Press Communiqué*, No. 95/9, 29 March 1995. 然國際法院認為其對該紛爭並無管轄權，見 *ICJ Press Communiqué*, No. 98/41, 4 December 1998.

[22]　Meltzer, *supra* note 19., pp. 313-315; Miles and Burke, *supra* note 18., pp. 220-223.

[23]　「責任漁業行為準則」係於一九九五年十月三十一日通過，關於該準則之內容，見 http://www.fao.org/fi/agreem/codecond/codecon.asp 檢視日期：2001 年 11 月 10 日。

[24]　UN Doc. A/CONF.151.15, Annex.

傷及生態系統、資源或其品質；對魚產品的加值行為或是
製造流程應符合衛生標準的需求、並在商業過程中提供消
費者良好品質的產品。

...

在符合聯合國海洋法公約相關條文的情形下，公海捕魚自
由應與國家間合作，以保證養護和合理管理生物資源的義
務之間取得一個平衡點。

...

呼籲聯合國糧農組織諮詢相關國際組織和顧及本宣言之
精神，起草一部「國際責任漁業行為準則」。

坎昆會議之後的一個月，一九九二年六月，聯合國環境
暨發展會議（United Nations Conference on Environment and
Development, 簡稱 UNCED）在巴西的里約熱內盧召開，[25]
它的目的即在發展一套廣泛的計畫，使得永續發展的目標得
以達成，[26] 然而這個理想並未在該次會議中達到。就永續發
展漁業資源此一議題來看，沿海國的觀點是，公海漁業必須
要在不會對沿海國管轄區域內（即是專屬經濟區）魚群產生
負面影響的情形之下，方可進行。[27] 但若由公海漁業國的角
度來說，所有國家均應遵守海洋法公約對公海捕魚的規定。
其中特別是船旗國對其在公海中作業漁船的管轄權是構成
其國家主權不可分割的基本因素，並且是不可修改的，即使

---

[25]　亦稱「里約會議」或「地球高峰會(Earth Summit)」。

[26]　Tucker Scully, "Report on UNCED," in Miles and Treves, eds.,
supra note 17, p. 97.

[27]　UNCED Doc. A/CONF.151/PC/WG.II/L.16/Rev.1 (16 March
1992); William T. Burke, "UNCED and the Oceans," 17 *Marine
Policy*, Vol. 17 (1993), pp. 522-523.

經過雙邊或多邊的同意也不能夠改變這種權利的本質。[28] 在此情形之下，里約會議的「廿一世紀議程(Agenda 21)」第十七章中所談及之海洋環境保護議題就更加受到關注。[29]

除此之外，「廿一世紀議程」也要求聯合國召開國際性會議，以持續里約會議的效果：[30]

> 為有效達成聯合國海洋法公約對跨界與高度洄游魚群所規定的條文...本會議的努力及成果應當完全符合聯合國海洋法公約的規定，特別是沿海國及公海漁業國之間的權利與義務關係。

在「聯合國環境及發展會議」之後，聯合國大會以編號第 47/192 號決議案，通過於一九九三年召開一項政府間關

---

[28] Burke, *ibid.*, p. 524.

[29] 「廿一世紀議程(Agenda 21)」內容，見 Stanley P. Johnson, ed., *The Earth Summit: The United Nations Conference on Environment and Development (UNCED)* (London: Graham and Trotman Ltd., 1993), pp. 307-331. 第十七章中所述及之七項計畫正可說明這個情況：
1. 整合性管理與持續性發展沿海區域，這亦包括了專屬經濟區在內；
2. 海洋環境保護；
3. 持續使用及養護公海海洋生物資源；
4. 持續使用及養護在國家管轄之下海域的海洋生物資源；
5. 提出管理海洋環境及氣候變遷的重要不確定性因素；
6. 加強國際性（包括區域性）的合作及協調；
7. 小型島嶼的持續發展。

[30] UNCED, *Agenda 21: Programme of Action for Sustainable Development* (1993), p. 155. 引自 Meltzer, *supra* note 19, p. 323.

於跨界與高度洄游魚群會議。[31] 該項會議企圖達成下列使命：(A) 判定並評估現存關於跨界與高度洄游魚群在養護與管理方面的問題；(B) 思考改進國家間漁業合作的方法；(C) 擬出適當的建議。自一九九三年四月開始，在聯合國總部共召開了六屆會期的跨界與高度洄游魚群會議。

　　在這幾次會期的討論中可以看出沿海國與公海漁業國之間的立場經常是相左的。許多的公海漁業國辯稱，會議應將魚群全體的分佈範圍視為一個單純的生物單位(biological unit)，以之進行養護與管理措施的考量，而非以政治疆界作為考量的依據。這種看法導致要求專屬經濟區與公海二者的養護與管理措施應當尋求相容性的爭論，而否定了沿海國擁有保證公海漁業措施必須與鄰接的專屬經濟區的養護與管理措施一致化的任何「特殊利益」。反過來說，沿海國認為，若上述的說法成立，則將是對於他們在專屬經濟區中擁有主權權利的一種妥協。沿海國代表並認為會議應將專屬經濟區內與對公海魚群的養護與管理事項一同考慮，而非僅只對位於國家管轄範圍以外的公海範圍為之。[32]

　　這項爭論在一九九五年八月四日的會議中所通過的「協議草案」得到澄清，[33] 該協議第七條第一項明白規定養護與

---

[31]　UN General Assembly Resolution 47/192 (22 December 1992).

[32]　Meltzer, *supra* note 19, p. 326.

[33]　Agreement for the Implementation of the Provisions of the United Nations Convention on the Law of the Sea of 10 December 1982 Relating to the Conservation and Management of Straddling Fish Stocks and Highly Migratory Fish Stocks, UN Doc. A/CONF.164/37 (8 September 1995). 中文譯為「履行一九

管理措施的相容性(compatibility)：關於跨界魚群部份，沿海
國與公海漁業國應尋求一致的必要措施；至於高度洄游魚群
部份，沿海國與公海漁業國應進行合作，以達到養護與增進
該魚群最佳利用之目的。協議中同時要求，在專屬經濟區與
公海的養護與管理措施上應具有相容性，並且明列數項在決
定相容性時應該考慮的因素。第二項繼續規定，公海與那些
國家管轄範圍之內所建立起的養護與管理措施應具有相容
性，如此方能有效且完整地確保養護及管理跨界與高度洄游
魚群。為達此目的，沿海國與公海漁業國有責任對於完成相
容措施的目的進行合作。如此的結果正如會議主席薩加南登
(Satya Nandan)所說的：[34]

> 在考慮生物協調的因素方面，所有相關國家對某一特定漁
> 業，應有責任採取養護與管理跨界與高度洄游魚群的措
> 施。對管理標準的改進應適用於國家管轄範圍之內及之
> 外，關於國家管轄範圍以內的海域，沿海國是具有能力且
> 是唯一具有能力的主體。沿海國的責任已明白地規定在聯
> 合國海洋法公約之中，並且再度於本協定中被特別強調，
> 以期能達到較佳的管理標準與實踐。

八二年十二月十日聯合國海洋法公約有關跨界魚群與高度洄
游魚群養護及管理條款協定」，該協定並於一九九五年十二月
四日開放簽署，以下簡稱該協定為「履行協定」。

[34] Statement of the Chairman, Ambassador Satya N. Nandan, on 4
August 1995, Upon the Adoption of the Agreement for the
Implementation of the Provisions of the United Nations
Convention on the Law of the Sea of 10 December 1982 Relating
to the Conservation and Management of Straddling Fish Stocks
and Highly Migratory Fish Stocks. UN Doc. A/CONF.164/35 (20
September 1995).

本協定的一項基礎是針對所有魚群的養護與管理之相容性，就此點來說，本協定的範圍已寬廣到足以涵蓋所有的資源，而且同時又能完整地尊重到不同管轄的責任，所有國家均應包含在本協定的養護與管理原則之中。

二、漁業資源管理區域組織化

海洋法公約第一一八條明載國家間如何養護與管理公海生物資源，更進一步來看，根據海洋法公約的規定，[35] 對於跨界與高度洄游魚群的問題，第六十三條第二款則將這種義務加諸於沿海國及捕撈這些魚群的漁業國身上，他們應就養護該魚群的方法達成協議或合作。而這種合作可以經由雙邊的或是其他的協議達成，也可經由適當的次區域及區域性組織來達到目的。事實上，海洋法公約第六十三條第二款已經預見到在公海區域中建立養護漁業資源合作機制之重要性。[36] 第六十四條則又附加了一項義務給予沿海國及其他的公海捕魚國，明示此種合作是用來保證對於跨界與高度洄游魚群的養護，以期對專屬經濟區內外的漁業資源達到最佳利用的效果。如果現在沒有合適的國際組織可以確保此種合作，海洋法公約第六十四條則規定沿岸國及其他捕撈這些魚群的公海漁業國「應合作設立這種組織並參加其工作」。[37] 遵循此種在海洋法公約中的設計，在一九九五年的履行協定第三部分的規定中特別強調國際合作機制，亦即區域或次區域

---

[35]　海洋法公約，第六十三條及第六十四條。

[36]　*Supra* note 16, p. 10.

[37]　*Ibid.*, pp. 10-11.

國際漁業組織的設立及功能。

　而在國際實踐的層面，以地理區域為範圍所組成的國際組織也出現養護管理跨界與高度洄游魚群的安排。以新公約新組織型態出現者，在太平洋有透過「中西太平洋高度洄游魚群養護與管理多邊高層會議(Multilateral High Level Conference on the Conservation and Management of Highly Migratory Fish Stocks in the Western and Central Pacific，簡稱MHLC)」所建立之「中西太平洋高度洄游魚群養護與管理委員會(West and Central Pacific Ocean Fisheries Commission，簡稱 WCPFC)」；以修約方式之型態出現者，在東部太平洋有「美洲熱帶鮪魚公約(Inter-American Tropical Tuna Convention)」所建立之「美洲熱帶鮪魚委員會(Inter-American Tropical Tuna Convention，簡稱 IATTC)」。前者始於一九九四年十二月，經過主席薩加南登(Satya Nandan)大使所主持的七屆會議，在二〇〇〇年九月五日通過「中西太平洋高度洄游魚群養護與管理公約」，使該組織成為自一九九五年履行協定之後第一個具體實踐履行協定規範公海漁捕體制的國際公約與國際區域漁業組織；[38] 而後者則仍在協商過程當中。[39] 其他已經建立的區域性漁業組織或公約舉其要者有：大西洋鮪類養護國際委員會(International Commission for the

---

[38]　見 Convention on the Conservation and Management of Highly Migratory Fish Stocks in the Western and Central Pacific Ocean.

[39]　截至目前為止，IATTC 之修約工作已歷九次，比較原本在一九四九年之公約內容，修約草案有極大之變動。預計在二〇〇三年年中時，會通過最後版本。

Conservation of Atlantic Tunas，簡稱 ICCAT)、[40] 北大西洋鮭魚養護組織(North Atlantic Salmon Conservation Organization，簡稱 NASCO)、[41] 印度洋鮪類委員會(Indian Ocean Tuna Commission，簡稱 IOTC)、[42] 西北大西洋漁業組織(Northwest Atlantic Fisheries Organization，簡稱 NAFO)、[43] 東北大西洋漁業委員會(North East Atlantic Fisheries Commission，簡稱 NEAFC)、[44] 波羅地海國際漁業委員會(International Baltic Sea Fisheries Commission，簡稱 IBSFC)、[45] 南太平洋論壇漁業局(South Pacific Forum Fisheries Agency，簡稱 FFA)、[46] 南方黑鮪養護委員會(Commission for the Conservation of Southern Bluefin Tuna，簡稱 CCSBT)、[47] 南極海洋生物資源養護委員會(Commission for the Conservation of Antarctic Marine Living Resources，簡稱

---

[40] 依據成立之公約見 *United Nations Legislative Series*, UN/LEG/SER.B/16, pp. 483-491.

[41] 依據成立之公約見 *Official Journal* (1982), L378, p. 25.

[42] 依據成立之公約見 http://www.oceanlaw.net/texts/iotc.htm，上網檢視日期：2002 年 5 月 20 日。

[43] 依據成立之公約見 *Official Journal* (1978), L378, p. 2.

[44] 依據成立之公約見 *Official Journal* (1980), L227, p. 22.

[45] 依據成立之公約見 *Official Journal* (1983), L237, p. 5.

[46] 依據成立之公約見 http://www.oceanlaw.net/texts/ffa.htm，上網檢視日期：2002 年 5 月 20 日。

[47] 依據成立之公約見：
http://www.ccsbt.org/docs/pdf/about_the_commission/convention.pdf，上網檢視日期：2002 年 5 月 20 日。

CCAMLR)、[48] 國際捕鯨委員會(International Whaling Commission，簡稱 IWC)[49] 等。

　　無論這些區域性國際漁業組織的發展程度或是成立時間前後，推動該組織成立的動力皆是來自對於海洋中漁業資源的養護與管理。此一推論可以由區域性國際漁業組織的成立宗旨或目標中見到對於管轄範圍內漁業資源的重視，並特別強調養護與管理該資源，以求確保永續利用目標的達成。例如，在「建立美洲熱帶鮪類委員會公約」前言中表示美國和哥斯大黎加「考慮到維持在東太平洋作業之鮪魚漁船所捕獲黃鰭鮪、正鰹和其他魚群之相互利益，在持續利用的理由下已經成為共同關切之議題，並盼望在事實資料的蒐集和解釋上合作，以促進此類魚群永遠維持在允許最高持續漁獲量的水平」；在「養護大西洋鮪類國際公約」的前言中表示各締約國「考慮到對於在大西洋海域內所發現鮪類及似鮪類魚群之共同利益，以及為糧食和其他之目的，盼望合作使該等魚群數量維持在相當之水平以維持最高持續漁獲量」；在「設置印度洋鮪類委員會協定」前言第三段中指出「盼望合作以保證印度洋中鮪類與似鮪類魚群之養護，以及促進對其最大利用，和該種漁業之永續發展」；在「南方黑鮪養護公約」前言第九段中表示「認知到他們（澳洲、紐西蘭和日本）合作以確保南方黑鮪的養護和最大利用的重要性」，所以該公約在第三條中規定其目標在「透過適當的管理，確保南方黑

---

[48]　依據成立之公約見 http://www.oceanlaw.net/texts/ccamlr.htm，上網檢視日期：2002 年 5 月 20 日。

[49]　依據成立之公約見 *United Nations Treaties Series*, 161, p. 72.

鮪的養護和最大利用」。

因此可以看出這些區域性國際漁業組織的發展在事實上是延續著永續生產和利用的軌跡，這與當前對於海洋生物資源的利用植基於養護和管理適相一致，也唯如此，方能達到永續資源利用的目的。

三、漁業資源的養護與管理

一九九五年三月，在聯合國糧農組織所召開的部長會議中通過了「全球漁業共識(Consensus on World Fisheries)」。該份文件明確指出：[50]

（與會者）承認漁業在社會經濟、環境、與營養上的重要性，以及對漁產品持續增加的需求，本次部長會議決定需要更多的行動以：

- 消除過漁；
- 重建並加強魚群；
- 降低浪費性的漁捕行為；
- 開發永續的養殖漁業；
- 重建漁業資源棲息地；
- 在科學可持續性與責任管理的基礎上，開發新的與替代的魚群。

在該次會議中，與會者也強調上述行動的重要性，認為

---

[50] The Rome Consensus on World Fisheries, adopted by the FAO Ministerial Conference on Fisheries, Rome, 14-15 March 1995, para. 6. 見 http://www.fao.org/fi/agreem/consensu/cone.asp，上網檢視日期：2002 年 5 月 20 日。

若不實踐前述行動，地球上約有百分之七十的魚群會繼續衰減，而這些都是目前被認為在完全開發、過度開發、耗竭、或是正在復育中的魚群。

因此，在達成保育與養護漁業資源的作法上，除了前述對於公海中捕魚行為的限制之外，自一九九五年「履行協定」後，聯合國糧農組織所召開的部長會議於一九九九年三月十日至十一日通過了「執行責任漁業行為規約之羅馬宣言(The Rome Declaration on the Implementation of the Code of Conduct for Responsible Fisheries)」，[51] 特別指出[52]參與國歡迎一九九九年二月所通過以責任漁業行為規約為架構而制訂的「漁捕能力管理國際行動計畫(International Plan of Action for the Management of Fishing Capacity, 簡稱 IPOA-Capacity)」、[53]「鯊類養護與管理國際行動計畫 (International Plan of Action for the Conservation and Management of Sharks, 簡稱 IPOA-Sharks)」、[54] 與「降低延繩釣對海鳥的誤捕國際行動計畫(International Plan of Action for Reducing Incidental Catch of Seabirds in Long-line

---

[51] 全文見 http://www.fao.org/fi/agreem/declar/dece.asp，上網檢視日期：2002 年 5 月 20 日。

[52] 同前註，第四段。

[53] 方案全文見 http://www.fao.org/fi/ipa/capace.asp，上網檢視日期：2002 年 5 月 20 日。

[54] 方案全文見 http://www.fao.org/fi/ipa/manage.asp，上網檢視日期：2002 年 5 月 20 日。

Fisheries, 簡稱 IPOA-Seabirds)」。[55] 同時,該次會議也注意到應多加開發更精確的漁業發展與管理的生態途徑,而且在責任漁捕行為規約的架構之下,應該多加注意與漁撈和養殖有關的貿易和環境因素。[56] 隨著國際漁業管理制度的發展需要,糧農組織漁業委員會(FAO Committee on Fisheries,簡稱 COFI)在二〇〇一年三月二日的第二十四會期中制訂通過「防止、阻止與消除非法的、未經報告的和不接受規範的漁捕行為國際行動計畫(International Plan of Action to Prevent, Deter, and Eliminate Illegal, Unreported and Unregulated Fishing, 簡稱 IPOA-IUU)」。[57]

　　在前述的「漁捕能力管理國際行動計畫」中,明確指出此一行動方案係依據「責任漁業行為公約」及下列原則和方式而來:

一、參與者:本行動公約應由國家間或透過糧農組織與合適的政府間組織達成。

二、階段性執行:第一階段是評估與判斷,初步的評估需在西元二千年年底前完成;第二階段是採取管理行動,在二〇〇二年年底前需採取初步的行動。前述二階段應適時調整,交互作用。到西元二〇〇五年前,國家與區域

---

[55]　方案全文見 http://www.fao.org/fi/ipa/incide.asp,上網檢視日期:2002 年 5 月 20 日。

[56]　前引註 51,第六段、第七段。

[57]　方案全文見: http://www.fao.org/DOCREP/003/y1224e/y1224e00.HTM,上網檢視日期:2002 年 5 月 20 日。

間國際漁業組織應逐步完成上述階段。

三、漁捕能力之管理需達到對魚群的養護和永續利用，以及保護海洋環境、確保選擇性漁捕作業的目標。

需要注意的是，「漁捕能力管理國際行動方案」要求世界各國協助糧農組織在西元二千年年底前建立起關於在公海中作業漁船的資料。同時，各國應於二〇〇二年年底前發展、通過與通告週知該國之國家漁捕能力管理方案，如有需要，更應降低漁捕能力以取得漁捕行為和資源供應之間的均衡。

第三節　永續發展概念在促進區域合作上所具有的意義

由於快速的工業現代化，整個地球遭受到文明發展所衍生後遺症的破壞，而生態環境的惡化，使得國際上對於地球環境的保護以及生物資源的利用加以重新思考和反省。各國意識到一個事實，亦即地球的整體環境是不可分割的，倘若某一個生態或是某個區域遭受到破壞，其所產生的影響將會擴散至全世界。例如南極臭氧層之破壞、各國二氧化碳之排放等，都直接危害到全球生態環境。因此，國際上提出所謂的「永續發展」的概念，作為各國共同追求的目標。「永續發展」一詞在其發展的歷史上，出現較為明確定義的應是世界環境發展委員會(World Commission on Environment and Development)在其一九八七年報告中所提出的，其將「永續發展」的概念定義為：「〔發展〕符合當前世代的需求，但不必損及未來世代滿足其需求的能力。它包含了兩個主要的觀念，第一是『需求』的觀念，特別對於世界上貧窮國家的需求，應當賦與優先的考慮；其次是對於國家科技與社會組織對環境的限制，使之能符合當前與未來的需求。」，[58]「國際自然暨自然資源保育聯盟」（The International Union for Conversation of Nature and Natural Resources, 簡稱 IUCN）等國際組織於 1991 年出版的「關心地球」（Caring for the Earth）一書中，將「永續發展」定義為：「在生存於不超出維生生態系統承載量的情形下，改善人類的生活品質。」[59] 此等概念於 1992 年 6 月「聯合國環境及發展會議」（UN Conference on Environment and Development，以下簡稱 UNCED）中提出討論，並將「永續發展」概念充分融合於會議所通過的「里約宣言」(Rio Declaration)中。例如，宣言當中之原則三：「發展的權利必須被實現，以便能公平的滿足今世後代在發展與環境方面的需要。」原則四：「為了實現永續發展，環境保護工作應是發展進程的一個整體構成部分，不能脫離這一進程予以孤立考慮。」原則 27 更揭示：「所有國家和人民均應誠意的一本合作夥伴精神，合作實現本宣言所體現的各項原則，合作推動永續發展方面的國際法的進一步發展。」[60] 而我國也為了在環境生態保護、管理上作努力，行政院於民國

---

[58] World Commission on Environment and Development, *Our Common Future* (Oxford: Oxford University Press, 1987), p. 43.

[59] 邱文彥，*海岸管理：理論與實務* （台北：五南出版社，民國八十九年），頁 12。

[60] 見 http://sd.erl.itri.org.tw/forum/sd_index.html. 檢視日期：2002 年 1 月 16 日。

89 年由「國家永續發展委員會」修訂出「21 世紀議程－中華民國永續發展策略綱領」，在其序言中便強調：「聯合國 21 世紀議程於 1992 年巴西舉行的地球高峰會議中獲得與會各國一致支持通過，以作為各國推動永續發展的行動綱領。永續發展的意義係滿足當代的需要，同時不損及後代子孫滿足其本身需要的發展。」[61]

至於將永續發展應用至資源的利用方面，「二十一世紀議程」中的第 17 章第 c 節裡認為為了確保海洋生物資源的永續利用，強調各有關國家應當確保公海漁業受到海洋法的規範，並應盡力維護管轄範圍內外的洄游魚類。[62]

由國際法的發展層面來看，已經出現若干的國際法律規則要求國家在發展或是利用其自然資源時，應當採取「永續的」態度。然而這是否意味對於國家的行為有著明確的約束力？這在國際法的實踐和發展上仍然有著爭論。

Philippe Sands 提出若干與永續發展相關的國際法原則，

---

[61] 見 http://ww2.epa.gov.tw/nsdn/ie5/index.htm. 檢視日期：2002 年 1 月 16 日。

[62] 見林文政譯，*綠色希望：地球高峰會議藍圖*（台北市：天下文化，民國 83 年），頁 176。此處所指之「所有國家」係包含了沿海國與遠洋漁業國，此二類國家對於特定魚類（例如高度洄游與跨界魚群）的養護管理和捕撈常會出現相對立的立場，在「地球高峰會」裡就有一些立場上的辯論。見 Tullio Treves, "The Protection of the Oceans in Agenda 21 and International Environmental Law," in L. Campiglio, *et al.*, eds., *The Environmental after Rio: International Law and Economics* (London: Graham & Trotman, 1994), pp. 166-168.

分別是：[63]

　斯德哥爾摩宣言原則二十一與里約宣言原則二（關於自然
　資源的主權和不導致破壞環境的責任）；
　睦鄰原則和國際合作；
　共有但是責任有所區別的原則；
　良好支配原則，包括了參與民主；
　預防行為原則(The Principle of Preventive Action)；
　預防性作為原則(The Precautionary Principle)；
　污染者付費原則。

　　以下則就與本章所欲探討的漁業資源利用與合作之方
向，進一步探討上述幾點原則。首先是關於斯德哥爾摩宣言
原則二十一與里約宣言原則二，此二項原則表明了國家對於
其自然資源擁有開發的主權權利，但是但是這種權利的行使
並非毫無限制的，而且國家也有義務不會因為開發的後果而
損及環境。而隨著若干國際公約（例如生物多樣性公約
(Biodiversity Convention)和氣候變遷公約(Climate Change
Convention)）納入這種原則，並且為國際社會所接受，使得
此種原則有成為習慣國際法的趨勢。[64]
　　其次是國際合作的原則，這種原則幾乎在所有的國際環

---

[63] Philippe Sands, "International Law in the Field of Sustainable
Development: Emerging Legal Principles," in Winfried Lang, ed.,
Sustainable Development and International Law (London:
Graham & Trotman, 1995), p. 62.

[64] *Ibid.*

境協定中均會出現，而其內容則包括了相關國家（特別是鄰國）間對於環境影響評估的資料、確使鄰國間能夠取得必備資訊的技術（例如資訊交換、諮詢與通知等）、緊急資訊之通知、跨界的執法能力與安排等。[65]

再者是預防原則，「預防性作為」的觀念是在一九九二年巴西里約熱內盧所召開的地球高峰會中所訂立的原則，[66]在該次會議宣言的原則十五(Principle 15)中宣示：[67]

> 為了保護環境的目的，各國應依其各自的能力，廣泛性地適用預防性作為。若有嚴重的或是無法逆轉的傷害或威脅，缺乏完整科學依據將不可作為延緩避免環境降級的藉口。

預防性作為即是在認為對海洋環境會產生影響時，立即採行預防性或補救性措施，也就是任何的決策都應著眼於安全的角度。換句話說，這種思考方式正是科學證據與政策思

---

[65] *Ibid,* p. 63.

[66] 但是此一觀念在一九八○年代中期的國際法律文件中即已出現，例如一九八七年的「第二屆保護北海國際會議宣言(Declaration of the Second International North Sea Conference on the Protection of the North Sea)」可為濫觴，在該份宣言中表示：「為使北海免於受到大多數有害物質的損害，在得知完整且清楚的科學證據之前，預防性作為有其必要。」

[67] David Freestone and Ellen Hey, "Origins and Development of the Precautionary Principle," in David Freestone and Ellen Hey, eds., *The Precautionary Principle and International Law: the Challenge of Implementation* (The Hague: Kluwer Law International, 1996), p. 3.

考之間的轉變。⁶⁸ 更進一步來看，不需等到不利於環境的最後科學證據之呈現，即可採行任何預防性或補救性措施。這種思考對於決策者來說是一種新的思維和挑戰，因為他們必須要將對於環境影響的可能性與不確定性列入其決策的參考因素，而非將之作為不決策的藉口。⁶⁹

第四節　南海海域漁業共同合作之建構

人類對於海洋中生物資源的利用結果，往往是趨向於耗竭該種資源。國際社會在近三十年來已經認真地面對此一問題，企圖透過對資源利用觀念的改變與國家政策的修正，以使人類對資源的利用不致於造成對環境的破壞。這種觀念放在對漁業資源的利用上亦是如此，當無法有效控制漁獲努力量時，最終將會導致漁業資源的耗竭，這在屬於半閉海地理區域的南海來說更是明顯。⁷⁰

68　Ellen Hey, "The Precautionary Approach: Implications of the Revision of the Oslo and Paris Conventions," 15 *Marine Policy* (1991), p. 245. 另見胡念祖，*國際間加強管理高度洄游及跨界魚群趨勢之研究（II）*，行政院農業委員會委託研究計畫，民國八十五年六月，頁 33-35。

69　*Ibid.* 一些學者亦有類似的看法，見 James Cameron and Juli Abouchar, "The Precautionary Principle: A Fundamental Principle of Law and Policy for the Protection of the Global Environment", 14 *Boston College International & Comparative Law Review* (1991), p. 2.

70　Deb Menasveta, "A Regional Approach to the Development of Living Aquatic Resources in the Southeast Asian Region," in D. M. Johnston, E. Gold, and P. Tangsubkul, eds., *International Symposium on the New Law of the Sea in Southeast Asia:*

　　南海週邊國家對於漁業資源過漁現象已然瞭解，以馬來西亞來說，該國政府早在一九八〇年代即已注意到馬來半島東部的沿近海域均已面臨漁業資源過度開發的狀態。[71] 而在菲律賓海域內，「過漁」也成為該國近岸漁業的一大隱憂，由於菲律賓過度發展的漁船噸位與漁民人數，使得該國管轄水域內的漁撈捕獲率大為降低。[72] 印尼持續增加的漁民數量導致嚴重的漁捕壓力，特別是在爪哇島北部海岸和麻六甲海峽附近海域，這種情形特別嚴重。根據統計資料顯示，在前述兩處海域的漁撈量早已超過其應有之最高可捕量。[73] 至於泰國的漁業，其在暹邏灣內漁捕量也已超過最大可捕量，對於某些特定的漁種，例如鯖類和鰮類，在暹邏灣內水深五十公尺的海域均已嚴重過漁。[74]

Developmental Effects and Regional Approaches (Halifax: Dalhousie Ocean Studies Programme, 1983), p. 36. Also F. T. Christy, Jr., "The State of Food and Agriculture," *FAO Agriculture Series*, No. 12(1981), p. 83.

[71] S. bin A. Majid, "Controlling Fishing Effort: Malaysia's Experience and Problems" in FAO, *Expert Consultation on the Regulation of Fishing Effort (Fishing Mortality)*, FAO Fisheries Report, No. 289(1985), p. 319.

[72] IPFC, *Exploitation and Management of Marine Fishery Resources in the Philippines*, IPFC/87/Symp/III/WP.4, IPFC Symposium on the Exploitation and Management on Marine Fishery Resources in Southeast Asia, Darwin, Australia, 16-19 February 1987, p. 2.

[73] IPFC, *Indonesian Country Experience,* IPFC/87/Symp/III/WP.3, IPFC Symposium, *ibid.*, p. 2.

[74] V. Hongskul, "The Allocation of Scads and Mackerels," in F. T. Christy, Jr., *Law of the Sea: Problems of Conflict and*

　　南海各國理解到漁業資源耗竭的嚴重性，各國也有對其管轄海域內漁業資源的蘊藏與使用量做了初步的評估，然而由於海域疆界的不確定，使得這種評估無法進行區域內的整合，進而無法使區域內整體漁業資源的狀況得到完整的瞭解。這種情形對於屬於半閉海的南海來說，特別具有不良的影響。[75] 為了避免漁業資源的過度採捕甚或耗竭，顯有必要採取對於漁業資源的養護措施，然而此種措施若缺乏了相關國家間的合作與協調則不易達成。因此，對於週邊國來說，將注意力集中在海疆劃界即會顯得不智。

　　由功能性解決問題的角度來觀察，漁業資源的合理利用與合作在推動區域合作上將會具有可行性與實務性，因為此種作法可以排除主權議題所帶來的敏感性，並進而集中焦點在各國所共有的利益事項上。而在推動的同時，則會因為政治環境的改善，進而促進其他領域的合作。在此情形下，或可將漁業資源管理視為南海週邊國是否誠意進行合作的試金石，或是信心建立措施的一部份。

　　由前述之討論可以得知在南海海域中的漁業資源已經面臨過漁的情形，為了維持漁業資源以及漁業本身的正常發展，有必要建立一個合理的漁業資源管理機制，但是目前在南海海域卻缺乏具備這樣功能的機制，甚至在個別的國家中，依然缺乏完整的漁業資源評估作業，這或可歸咎於週邊

Management of Fisheries in Southeast Asia, Proceedings of the ICLARM/ISEAS Workshop on the Law of the Sea, Manila, Philippines, 26-29 November 1978, p. 6; Menasveta, *supra* note 70, p. 38.

[75] 關於半閉海，請見本書第三章第二節第二目之討論。

國家海域管轄權主張重疊所造成的後果，以及因為缺乏各自海域中漁業資源評估的資料，使得資源管理機制無法建構，[76] 更糟的情形則是，以上兩種原因相互衝擊，進而導入惡性循環。

　　有鑑於前述南海海域中生物資源的情形，對於漁業資源的養護與管理措施或可分類如下：

一、確定合作區域。[77] 這應是爭端相關國家在進行實質合作事項前要做的一件事，使當事國能夠清楚明瞭進行合作的範圍何在，因地理範圍而衍生的法律關係才能釐定。然而由於漁業資源的特性，若為此種資源之管理，應將整體南海區域納為合作區域。

二、設計並建構聯合執行單位，賦予其性質為專責漁業資源的養護與管理事務。

三、確定區域內漁業資源（或魚群）的類別，以及各魚群的可捕量。研究指出存在於南海的商業魚群多為鮪魚、鯖類與鯵類，[78] 由於這些魚群的高度洄游性，為能有效管

---

[76] A. Dwiponggo, "Project Proposal on Regional Fisheries Stock Assessment in the South China Sea," Paper presented at the Second Working Group Meeting on Resource Assessment and Ways of Development in the South China Sea, Jakarta, Indonesia, 5-6 July 1993, pp. 1-2.

[77] M. Valencia, "Southeast Asian Seas: National Marine Interests, Transnational Issues, and Marine Regionalism," in Colin MacAndrews and Chia Lin Sien, eds., *Southeast Asian Seas: Frontiers for Development* (Singapore: McGraw-Hill International Book Company, 1981), p. 341.

[78] J. Morgan and M. Valencia, eds., *Atlas for Marine Policy in*

理，應確認何者係洄游於南海海域者，[79] 如此在資源的
統計與評估上方能得到可資利用的資料。

四、資料的收集、整理與監測。對於漁業資源管理所需之資
　　料或資訊可以包括下列：[80]

　　（一）生物資訊：例如魚群的狀態、每一漁捕努力單位
　　　　　所捕獲之情形等；

　　（二）技術資訊：例如漁船及漁具的種類和數量等；

　　（三）經濟資訊：例如漁產品價格、漁民收入情形等；

　　（四）社會資訊：例如漁業就業人口、漁業從業人口之
　　　　　變化等。

五、確定捕獲魚群的數量，以使其維持最大可捕量的水準。
　　此涉及了設定總可捕量(Total Allowable Catch)，以限制
　　漁業努力量的水準；限制漁捕能力的進入；對漁具漁法

Southeast Asian Seas (Berkeley, California: University of California Press, 1983), p. 58.

[79] M. J. Holden, "Management of Fisheries Resources: The Experience of the European Economic Community," in OECD, *Experiences in the Management of National Fishing Zones* (Paris: OECD, 1984), pp. 114-116.

[80] FAO, "Information Needed for Management," Paper presented at the Symposium on the Exploitation and Management of Marine Fishery Resources in Southeast Asia held in conjunction with the Twenty-second Session of the Indo-Pacific Fishery Commission, Darwin, Australia, 16-26 February 1987, p. 495. Also, see Report of the First Working Group Meeting on Marine Scientific Research in the South China Sea, Manila, Philippines, 30 May-3 June 1993, Conclusion Point 4.

的限制、以及漁捕活動在技術方面的限制。[81]

六、在週邊國之間分配漁獲配額。這在漁業管理方面有其重要性，因為：[82]

（一）如果最高可捕量無法轉換成配額制度，則無法達成有效的資源管理效果。因為各國漁船將會競逐其所能獲得的最大部分，並直到完全耗竭該資源為止；

（二）有了配額制度，週邊國家可以據此規劃其漁業的發展、漁產品市場的規模等政策性方向。

七、加強對漁業資源養護觀念的教育，使相關從業人員能夠瞭解國際漁業界對於「責任漁業」的內涵，政府能夠協調國內漁業相關產業間對於生態保育的重視。

八、各國應協調相關立法內容或採取立法內容標準化的作法，如此可以避免法律制度上的漏洞。對於漁業管理來說，各國間將其相關立法內容標準化的作法，可以由計畫進入南海海域作業船隻之證照發給制度做起，在這一事務的實踐上，對於週邊國家的漁船可以給予較優先的地位。[83]

九、所有相關週邊國家均應參與。此為合作的基本精神，特別是對於半閉海的環境。在此一情形下，身為世界重要

---

[81] Holden, *supra* note 79, p. 114.

[82] *Ibid.*, p. 116.

[83] George Kent, "Harmonizing Extended Zone Legislation in Southeast Asia," 13 *Ocean Development and International Law* (1983), pp. 247-268.

漁業國家的我國，不應被排除在合作的機制之外。

第五節　其他海域中國際漁業管理機制的實踐

一、美洲熱帶鮪類委員會

一九四九年五月三十一日美國與哥斯大黎加共和國簽訂「建立美洲熱帶鮪類委員會公約(Convention for the Establishment of an Inter-American Tropical Tuna Commission)」，[84] 並依照該公約建立之委員會(Inter-American Tropical Tuna Commission, 簡稱IATTC)係為最早成立之關於管理鮪類資源的國際組織，雖然其成立初期僅為美國與哥斯大黎加兩國，但是至二〇〇二年為止，該組織之會員國已達十三國，分別是哥斯大黎加、厄瓜多爾(Ecuador)、薩爾瓦多(El Salvador)、法國、瓜地馬拉(Guatemala)、日本、墨西哥、尼加拉瓜(Nicaragua)、巴拿馬(Panama)、秘魯(Peru)、美國、萬納度(Vanuatu)、委內瑞拉(Venezuela)。

美洲熱帶鮪類委員會現有之管轄海域被定義為「東部太平洋(Eastern Pacific Ocean)」，但並無明確的區域劃分，目前的修約內容則是明確定義出東起北美、中美及南美洲海岸、南北緯各50度為南北界線，最西則到西經150度處。[85]

---

[84] 該約已經於一九五〇年三月三日生效。該約請見 http://www.iattc.org/PDFFiles/IATTC_convention_1949.pdf，上網檢視日期：2002年5月12日。

[85] Revised Consolidated Text, Working Group on the IATTC Convention, 27 July 2002, Article 3.

二、大西洋鮪類養護國際委員會

　　由阿根廷等十七國於一九六六年五月十四日在巴西里約熱內盧所簽訂之「養護大西洋鮪類國際公約(International Convention for the Conservation of Atlantic Tunas)」[86]所設立之「大西洋鮪類養護國際委員會(International Commission for the Conservation of Atlantic Tunas，簡稱 ICCAT)」，至今已有三十餘年之歷史，其會員國目前有：安哥拉、巴西、加拿大、維德角(Cape Verde)、中共、象牙海岸(Cote d'Ivoire)、日本、赤道幾內亞、法國、加彭(Gabon)、加納(Ghana)、南韓、利比亞、俄羅斯、聖多美與普林西比(Sao Tome y Principe)、南非、西班牙、英國、美國、烏拉圭、委內瑞拉等國。

　　在一九六六年的公約中，對於該組織所涵蓋的範圍並無明確的定義，僅以「大西洋所有水域，包括鄰接海洋」一語帶過，[87] 但若由其後來的實踐觀之，「大西洋鮪類養護委員會」在管理養護鮪類資源上所涵蓋的範圍是聯合國糧農組織(Food and Agriculture Organization)在統計上所劃分之第21、27、31、34、37、41、47、48（僅有部分）等區域。[88] 以

---

[86]　該約請見 http://www.iccat.es/Documents/BasicTexts.pdf，上網檢視日期：2002 年 5 月 12 日。

[87]　該公約第一條：The area to which this Convention shall apply, hereinafter referred to as the "Convention area", shall be all waters of the Atlantic Ocean, including the adjacent Seas.

[88]　Michael J. Savini, *Summary Information on the Role of International Fishery Bodies with regard to the Conservation and Management of Living Resources of the High Seas*, FAO Fisheries Circular, No. 835 (September 1991), p. 20.

「大西洋鮪類養護委員會」的運作來看，在其召開正式委員會（年會）之前，通常會先行召開科學諮商會議，此即包括了「研究與統計常設委員會」會議及其下設之「鮪類資源評估工作小組」會議，用以探討各國之漁業狀況，其中包括了各漁捕國的作業漁船數目和漁獲量、各類漁業資料的蒐集情形、評估模式之應用和評估結果之檢討、以及對該組織之建議案或決議案之執行成果等。最後彙整出評估結論和管理建議，提交委員會參考，以能對各種類之鮪魚魚群擬定適當之管理措施。[89]

三、印度洋鮪類委員會

成立「印度洋鮪類委員會(Indian Ocean Tuna Commission，簡稱 IOTC)」之濫觴係起自一九八六年印度洋漁業委員會之第九屆會議，在該次會議中通過設立一特別小組，以便於檢討印度洋鮪類管理工作的進行。[90]

一九九五年十二月四日，「設置印度洋鮪類委員會協定(Agreement for the Establishment of the Indian Ocean Tuna Commission)」開放供印度洋沿海國或其他相關國家簽署，[91]

---

[89]　http://www.ofdc.org.tw/Doc/漁業管理與保育/國際漁業組織/iccat 簡介.htm，上網檢視日期：2002 年 5 月 12 日。

[90]　Philippe Michaud, "Regional Fisheries organizations: Interaction and Participation," a paper presented at the 30th Annual Conference of the Law of the Sea Institute, Al Ain, United Arab Emirates, 19-22 May 1996, p. 17.

[91]　該協定請見：
ftp://ftp.fao.org/fi/document/IOTC/Basic/IOTCA_E.pdf，上網檢

該協定於一九九六年三月生效,組織開始運作。目前的會員
國有:日本、韓國、澳洲、印度、斯里蘭卡、巴基斯坦、泰
國、厄利垂亞(Eritrea)、蘇丹、塞昔爾、模里西斯、馬達加
斯加、歐盟、法國、英國等十四國一地區性經濟組織組織。
「印度洋鮪類委員會」之秘書處設於塞昔爾。[92]「印度洋鮪
類委員會」的涵蓋海域為糧農組織第 51 及 57 統計區和鄰接
海域、南極海區北部。[93]

四、南方黑鮪養護委員會

由澳洲、紐西蘭與日本三國於一九九三年五月十日在坎
培拉簽訂之「南方黑鮪養護公約(Convention for the
Conservation of Southern Bluefin Tuna)」建立了「南方黑鮪養
護委員會(Commission for the Conservation of Southern
Bluefin Tuna,簡稱 CCSBT)」,[94] 在該公約第三條中明確指
出該公約的目的在「經由適當的管理,確保南方黑鮪的養護
和最適利用」。其運作方式為透過科學家交換研究資料、討

視日期:2002 年 5 月 12 日。

[92] http://www.ofdc.org.tw/Doc/漁業管理與保育/國際漁業組織
/iotc 簡介.htm,上網檢視日期:2002 年 5 月 12 日。

[93] Agreement for the Establishment of the Indian Ocean Tuna
Commission, Article II.

[94] Convention for the Conservation of Southern Bluefin Tuna,
Article6(1). 該公約請見:
http://www.ccsbt.org/docs/pdf/about_the_commission/conventio
n.pdf,上網檢視日期:2002 年 5 月 12 日。

論配額、並協調分配量。[95]

　　一九九四年五月二十日該公約生效，截至目前為止，參加該委員會之會員國除了澳洲、紐西蘭和日本三個創始會員國之外，南韓已於二〇〇一年十月十七日加入，另外印尼與南非正在尋求加入。

第六節　本章小結

　　永續發展無論在資源利用或是環境保育層面上，都有著密切的關係，而永續發展所也會直接或間接地影響到漁捕或是與其相關的海洋活動，這也是當今國際社會已經發展出透過區域漁業組織的管理方式，達到養護與管理漁業資源目的的作法。就資源的特性來看，漁業資源具有兩項特色，亦即是再生性與洄游性。前者表示只要經由適當的養護與管理措施，即可永續利用該種資源；[96] 而後者則係指漁業資源（特別是高度洄游與跨界魚群）的移動並不會受到人為國界的限制，換句話說，若是過度執著於人為國界的劃分，而忽略生物資源的活動範圍，則反將破壞該種資源的存續，反無法達到資源永續利用的目的。值得吾人注意的是，若由樂觀的角度來看，漁業資源所具有的這兩種特色卻能夠成為促進相關國家間合作的催化劑。

---

[95] Anthony Bergin and Marcus Haward, "Southern Bluefin Tuna Fishery: Recent Developments in International Management," 18:3 *Marine Policy* (1994), p. 265.

[96] Michael R. Ross, *Fisheries Conservation and Management* (New Jersey: Prentice Hall, 1997).

第八章　結論

　　由本書各章的討論，筆者認為在解決南海爭端的思慮過程中，有若干方向是值得重視的。首先是應由資源永續利用的角度來思考解決途徑，蓋南海週邊國往往引用各種不同的理由，甚或國際法的理論來支持他們佔領南海島礁的合法性。因此除非在其欲尋求的利益上找出交集，否則所有的爭論仍將延續，而國際法也會淪為爭議的工具。由各週邊國宣佈設立二百海里專屬經濟區的聲明看來，他們爭奪島礁的動機在於希望擁有附屬此島礁的大陸礁層或專屬經濟區中的生物資源或非生物資源，其著眼點可說是在於將此一問題的解決提升至國家主權的爭執或領土（領海）疆界的劃分上，非常可能的一個結果是不僅主權問題治絲益棼，同時卻會喪失了進行合作開發資源的機會。所以，由資源利用的角度思考問題，或能切中問題核心。

　　其次，建議以功能性的項目做為合作的試金石。當前南海週邊國欠缺互信，此種不信賴感進而使得進行敏感度高的探勘與開發非生物資源難以進行，同時非生物資源所具有的獨佔性與無法再生性，使得非生物資源在其先天上就有不易達成合作的特性。然而生物資源恰正相反，其特性為洄游性與再生性，這意謂著如果相關國家過度利用此種資源，則資源將有枯竭的可能，所以對生物資源進行合作性質的養護與管理措施具有其可行性及迫切性。因此，將努力多放一些在共同有關的問題之上，並且選擇衝突性及敏感度相對較低的項目著手，在相關各國之間建立起互信的基礎後，此或可進一步推動更高層次的互動關係及互動領域。

　　後冷戰時期的國際關係是建構在「以合作代替對抗，以和平取代爭端」的架構上，因此南海紛爭的解決應以上述架構為藍本，摒棄以武力解決爭端的作法。在現代講求以合作代替對抗的潮流之下，「共同開發」在解決南海紛爭的過程中，預期將會扮演一個相當重要的角色。為符合我國一貫以和平解決國際紛爭的國際立場，積極參與共同開發南海資源的討論及執行，並藉由持續的參與，以及適當的實質承諾，在某些我國所專長的項目中加強推力，進而在整個發展過程中發揮我國的影響力，應是較符合我國國家利益的做法。

　　由國際間對共同開發的先例來看，欲建構一項功能完備的共同開發機制，幾項過程是不可缺少的：首先是界定共同開發的範圍，這應是產生爭議最多的部分，特別是相關國家不願放棄其已經佔領的島礁，或是不願見到因「凍結主權」、「維持現狀」而造成承認既存事實的後果；其次是定義何者為相關國家，究竟採取雙邊形式的共同開發，抑或多邊的形式？第三是合作的項目，共同開發的項目應限定在非生物資源，或是生物資源部分，還是其他諸如海洋科學研究、海線安全、海盜防止等合作的項目？此外，還有資源蘊藏地點的確定、資源量的評估、開發的方式、投資及獲利的分配、共同開發區內管轄權的分配等細節，在面臨解決這些議題時，會遭遇到不同性質及種類的障礙。

　　在實際的運作中，以上所提出的幾個問題在操作上是不可分割的。以合作的項目來說，若是集中在非生物資源的探勘與開發（特指碳氫化合物類的蘊藏，例如石油與天然氣）

上，則將範圍縮小至雙邊範疇內的可能性較高，但是由於碳氫化合物的價值太高，南海週邊國家對該種資源的需求太殷，相對地不容易進入共同開發的程序。

若是擴及生物資源，則有較多機會採取多邊性質的安排，因為生物資源的活動並不會受到人為政治國界的限制，而且生物資源是可再生性的(renewable)，若能進行適當的養護管理措施，可以維持資源的持續利用。在這種不涉及過多政治考量，且專注於開發與利用經濟資源的前提上，漁業資源的養護與管理應可提供在南海進行共同開發的新思考方向，若能成功的進行，可望將經驗擴及至其他的合作項目。

筆者建議在共同開發的項目選擇上，應由較簡單且不具主權糾纏的項目（例如漁業資源的養護與管理、海運交通安全）先著手進行，再擴大合作的經驗至其他較複雜的項目中（例如碳氫化合物的共同開發），如此會較有利於整體合作與互信環境的建立。

當然，就國際法上的理論與國際間的實踐來看，共同開發所涉及的標的物為國家主權權利所行使的對象，亦即蘊藏在海洋中的資源，並不涉及國家的主權。相關國家間若能就此一本質達成共識，並發揮政治智慧，則南海爭端達成功能性的解決應可期待。

附件一　中華民國第一批領海基線表

中華民國八十八年二月十日行政院台八十八內字第○六一六一號令公告

區域	基點編號	基點名稱	地理坐標		迄點編號	基線種類
			經　度 (E)	緯　度 (N)		
臺灣本島及附屬島嶼	T1	三貂角	122° 00.00´	25° 00.60´	T2	直線基線
	T2	棉花嶼1	122° 05.80´	25° 28.80´	T3	正常基線
	T3	棉花嶼2	122° 05.80´	25° 29.00´	T4	直線基線
	T4	彭佳嶼1	122° 04.50´	25° 37.50´	T5	正常基線
	T5	彭佳嶼2	122° 03.90´	25° 37.80´	T6	直線基線
	T6	麟山鼻	121° 30.40´	25° 17.70´	T7	直線基線
	T7	大堀溪	121° 05.40´	25° 04.20´	T8	直線基線
	T8	大牛欄西岸	121° 00.65´	25° 00.55´	T9	直線基線
	T9	翁公石	119° 32.00´	23° 47.20´	T10	直線基線
	T10	花　嶼1	119° 18.70´	23° 24.80´	T11	正常基線
	T11	花　嶼2	119° 18.20´	23° 24.00´	T12	直線基線
	T12	貓　嶼	119° 18.80´	23° 19.50´	T13	直線基線
	T13	七美嶼	119° 24.40´	23° 12.00´	T14	直線基線
	T14	琉球嶼	120° 20.90´	22° 19.10´	T15	直線基線
	T15	七星岩	120° 48.90´	21° 45.45´	T16	直線基線
	T16	小蘭嶼1	121° 36.10´	21° 56.70´	T17	正常基線
	T17	小蘭嶼2	121° 37.10´	21° 57.00´	T18	直線基線
	T18	飛　岩	121° 31.00´	22° 41.00´	T19	直線基線
	T19	石梯鼻	121° 30.53´	23° 29.20´	T20	直線基線
	T20	烏石鼻	121° 51.10´	24° 28.70´	T21	直線基線

	T21	米　島	121°53.70´	24°35.90´	T22	直線基線
	T22	龜頭岸	121°57.30´	24°49.90´	T1	直線基線
	—	釣魚臺列嶼	—	—	—	正常基線
東沙群島	D1	西北角	116°45.45´	20°46.16´	D2	直線基線
	D2	東沙北角	116°42.13´	20°44.16´	D3	正常基線
	D3	東沙南角	116°41.30´	20°41.92´	D4	直線基線
	D4	西南角	116°44.80´	20°35.78´	D1	正常基線
中沙群島	—	黃岩島	—	—	—	正常基線
南沙群島	在我國傳統Ｕ形線內之南沙群島全部島礁均為我國土，其領海基線採直線基線及正常基線混合基線法劃定，有關基點名稱、地理坐標及海圖　另案公告。					

STATEMENT OF THE INFORMAL MEETING OF
A STUDY GROUP ON ZONES OF CO-OPERATION

Vientiane, Lao PDR
June 15-18, 1998

1. Pursuant to the decision of the Eight Workshop on Managing Potential Conflicts in the South China Sea, held in Pacet, Puncak, Indonesia, on 2-6 December 1997, the Informal Meeting of a Study Group of Zones of Co-operation was held in Vientiane, Lao PDR, June 15-18, 1998.

2. Forty-four participants and observers from around the South China Sea attended the meeting, as well as Resource Persons from Indonesia, Canada, and the World Bank.

3. The Workshop was organised by the Institute of Foreign Affairs, Ministry of Foreign Affairs of the Lao PDR, assisted by Pusat Studi Kawasan Asia Tenggara in Jakarta, Indonesia, and the South China Sea Informal Working Group (SCSIWG) at the University of British Columbia, with support from the Canadian International Development Agency.

4.   The Meeting was conducted on an informal basis whereby participants took part in their personal capacities. Meeting decisions were reached by way of consensus.

5.   The Meeting agenda was as follows:

Session I Opening Session;

Session II Review of Experience with Offshore Joint Petroleum Development in the Region and Internationally;

Session III Maritime Co-operation Arrangements

Session IV Lessons Learned from International Experience;

Session V Identification of Aspects of International Experience of Possible Relevance to the Region;

Session VI Participants' Views on Joint Development;

Session VII Future of the Study Group and Consideration of Meeting Statement.

6.   The Meeting was opened by H.E. Mr. Soubanh SRITHIRATH, Vice Minister of Foreign Affairs of Lao PDR. In his Keynote Address, Mr. Soubanh welcomed participants to Vientiane and to Laos, and, in the course of his remarks, expressed his good wishes for the success of the meeting. He conveyed his satisfaction that Lao PDR was making a contribution to the Workshop process by hosting the Meeting. He also pointed about that, as a

land-locked state, Laos had no direct involvement with South China Sea issues, thus providing a neutral venue for discussions. UNCLOS is good basis for consultation. Joint development and co-operation could contribute to stability which is necessary in times of economic instability.

7. Participants and Resource Persons outlined many approaches to maritime co-operation, including various models of joint development and possibilities, such as the Malaysia-Thailand and Malaysia-Viet Nam Agreements, the Indonesia-Australia Timor Gap Agreement, the China-Japan Fisheries Agreement in the East China Sea, the situation in the Caspian Sea, the Argentina-United Kingdom agreement in the South-West Atlantic, and others. Participants noted that such regimes are being used increasingly throughout the world, including Southeast Asia and the South China Sea, to address a variety of issues. The Timor Gap Treaty is the most comprehensive joint development agreement yet it may not necessarily be the best model for the South China Sea, i.e. comprehensiveness does not necessarily lead to effectiveness.

8. The participants agreed that maritime co-operation, including joint development, has the potential to assist in resolving the difficulties in the South China Sea:

a. joint development or joint co-operation can facilitate the development of resources as well as political relations between the parties concerned;

b. joint development arrangements can contribute to confidence-building and can promote co-operation and the avoidance of conflicts and at the same time promote good neighbour policies;

c. joint development is provisional in nature, and does not deal with territorial or jurisdictional matters; rather, it is without prejudice to such issues and attempts to circumvent them;

d. joint development encourages investment by creating a more certain investment climate;

e. the various models of joint development indicate that once agreement is reached on the need for this approach, it will take a lot of time and efforts to conclude the joint development agreement, because a lot of issues need to be settled and agreed upon by the parties through consultation;

f. although many joint development arrangements have been formulated in the form of treaties, in all cases the arrangement must be is approved or supported by the authorities concerned;

g. it is important that the various authorities concerned be convinced of the utility of joint development arrangements, particularly in disputed areas, since this arrangement Could be more beneficial to them than the continued disputes or the prolonged inability to develop the area or its resources;

h. the common objectives of any arrangement must be articulated clearly prior to agreement;

i. joint development creates opportunities to continue efforts to seek solutions on territorial and jurisdictional issues;

9. The various models of joint development also indicate several common elements such as:

a. the agreed perception that joint development is good for all parties to the dispute and therefore supported them;

b. joint development could be formulated without prejudice to territorial or jurisdictional delimitation;

c. the area of the joint development must could be defined through negotiation and on basis of international law;

d. the parties to the arrangement should be identified;

e. the scope for the joint development is identified;

f. the mechanism to implement the arrangement could be clearly established by agreement;

g. various issues such as the right to tender contracts, the problems of applicable laws in the joint development area, problems of criminal and civil jurisdiction as well as issues related to sharing of expenses and benefits is clearly regulated;

h. the participation of companies in the joint development arrangement could be encouraged within the context of promoting commercialization of the joint development arrangement and thus minimizing political and legal aspect.

10. Participants noted that the scope of an arrangement can include issues of differing sensitivity, e.g. environmental protection, marine scientific research, safety of navigation and peaceful uses of the area, utilization and conservation of the living resources, management of non-living resources/hydrocarbons.

11. Participants agreed that some issues discussed at the Meeting should be addressed in greater detail, such as the alternative bases on which co-operation can proceed; management and supervision, including the powers of joint development authorities; and civil and criminal jurisdiction. Accordingly, Participants agreed to recommend to the Ninth Workshop on Managing Potential Conflicts in the South China Sea that a second meeting of the Study Group be convened to examine these and other issues in greater detail. The Meeting also recommends that the current Participants should as far as possible

participate in any future meetings in order to assure continuity and efficiency. The Participants also agreed to inform the next meeting of the TWG on Legal Matters and the next Meeting of the TWG on Resources Assessment and Ways of Development of the results of this Meeting.

12. Discussions were held in a frank and constructive manner, and in a spirit of co-operation and mutual confidence. The Meeting encouraged participants, where appropriate, to continue to promote further cooperation by creating a more conducive and more favourable environment for co-operation amongst the participants.

13. The Meeting requested Laos to report the results of the Meeting to the Ninth Workshop on Managing Potential Conflicts in the South China Sea, to be held in Indonesia towards the end of 1998.

14. Participants expressed their appreciation to Lao PDR for organising the Meeting, and for its warm hospitality. Participants also expressed their gratitude to CIDA, and others for their contribution to the meeting.

Vientiane, June 17, 1998

STATEMENT OF THE SECOND MEETING OF THE STUDY GROUP ON ZONES OF CO-OPERATION IN THE SOUTH CHINA SEA

Tabanan, Bali, Indonesia
June 27 - July 1,1999

1. Pursuant to the recommendation of the First Meeting of the Study Group on Zones of Co-operation in the South China Sea, held in Vientiane, Lao PDR, June 15-18, 1998, and the recommendation of the Third Meeting of the Technical Working Group on Legal Matters, held in Pattaya, Thailand, 12-16 October, 1998, and the decision of the Ninth Workshop on Managing Potential Conflicts in the South China Sea, held in Ancol, Java, Indonesia, November 30 - December 4, 1998, the Second Meeting of the Study Group on Zones of Co-operation was held in Tabanan, Bali, Indonesia, June 27-July 1, 1999.

2. The Meeting was hosted by the Research and Development Agency of the Department of Foreign Affairs of Indonesia, assisted by the Pusat Studi Kawasan Asia Tenggara (Pusat Studi), Jakarta, Indonesia, and the South China Sea Informal Working Group (SCSIWG) at the University of British Columbia, Vancouver, Canada, with support from

the Asia-Pacific Ocean Co-operation Program of the Canadian International Development Agency (CIDA).

3. Twenty-eight Participants and observers from around the South China Sea attended the Meeting, assisted by Resource Persons from Canada, China, Indonesia, and the World Bank.

4. The Meeting was conducted on an informal basis whereby Participants took part in their personal capacities. Meeting decisions were reached by way of consensus.

5. The Participants engaged in frank and constructive discussion in a spirit of friendship and co-operation.

6. The Meeting was convened to examine regional and international practice with respect to all forms of maritime co-operation, and to consider the possible application of such experience to the South China Sea.

7. The Meeting Agenda was as follows:

    a) Opening Ceremony
    b) Session 1 - Background Session
    c) Session 2 - Global Survey of Different Forms of Zones of Co-operation
    d) Session 3 - Recent Development in Regional Practice with Joint Development

e) Session 4 - Detailed Examination of Zones of Co-operation

f) Session 5 - Comparative Analysis of Selected Aspects of Joint Development and Co-operation Arrangements

g) Session 6 - Joint Co-operation Arrangements: Are They Working?

h) Session 7 - Work Programme of the Study Group on Zones of Co-operation

i) Session 8 - Consideration of Meeting Statement and Closing

8. The Meeting was opened by Dr. Hasjim Djalal, Chairman of Pusat Studi, on behalf of the Director-General of the Research and Development Agency of the Indonesian Department of Foreign Affairs, and Professor Ian Townsend-Gault, Director of SCSIWG.

9. In Session 1, Dr. Hasjim Djalal outlined the origins and mandate of the Study Group on Zones of Co-operation, and discussed the agenda of the Second Meeting. In his remarks, he made reference to the various agreements achieved during the First Meeting of the Study Group. He stated his own personal view, *inter alia*, that the area for joint development or joint co-operation should involve the relevant parties; the area should be clearly defined; the agreement to establish the joint development or joint

co-operation should be without prejudice to the respective territorial and jurisdictional claims; the respective authorities can continue to discuss the resolution of territorial and jurisdictional issues; the participants in the joint development efforts should be those that are maintaining presence in the zone; the subject of joint co-operation or joint development, at least at the initial stage, should begin with the least controversial matters; the joint development could be designed for a specified period; the joint development concept should not prejudice the provisions of UNCLOS 1982; the existing installations or structures in the area could be used for mutual benefit; the establishment of a joint development or joint co-operation zone presupposes that the parties concerned should refrain from further occupation unless agreed by all parties; the existing occupation in the disputed area should not be used for military purposes and that transparency with regard to activities in the area would increase the prospect for the development of an effective joint co-operation.

The Meeting expressed general appreciation for the work of Dr. Djalal, although some Participants expressed some reservations with his personal observations summarised above.

10. After discussion during Sessions 2 to 8, Participants agreed:

a) that the experience of fisheries co-operation between China and Japan in the East China Sea, which evolved from commercial links, was a highly functional and successful approach, conducive to the alleviation of tensions while providing a stable regime for resource development and conservation.

b) that the joint development agreements in the Timor Gap between Australia and Indonesia, and in the Gulf of Thailand between Malaysia and Thailand, and between Malaysia and Viet Nam, were successful in that they enabled petroleum production to proceed to the satisfaction and benefit of all parties. Participants also agreed that there were elements of these three arrangements which might have utility in the South China Sea, and which would not prejudice the position of any authority.

c) The Participants recognised the benefit of informal meetings in the region to exchange views over the possibility of joint co-operation, starting with the least controversial matters, in a defined zone in the area.

d) To recommend to the 10th Workshop on Managing Potential Conflicts in the South China Sea that further Meetings of the Study Group on Zones of Co-operation in the South China Sea be convened in 2000:

I. to keep under review the different forms of maritime co-operation developed in the region and elsewhere;

II. to identify models, examples, or practices which might be useful in the South China Sea; and

III. to investigate the possibility of commercial co-operation in petroleum activities and other fields in the south china sea, inviting the relevant experts in their personal capacities as resource persons.

e) that the Pusat Studi/SCSIWG:

• prepare a paper reviewing the salient elements of the various joint development agreements; and

• prepare a paper on co-operation in the implementation of the agreed proposed projects on Marine Biodiversity Protection, Sea-level Rise, Data and Information Exchange,

f) that participants should contribute papers on their own view of joint development and/or joint co-operation.

11. The Meeting requested Indonesia to brief participants of the Fourth TWG on Legal Matters on the results of the Second Meeting of the Study Group, and to report on the work of the Meeting to the Tenth Workshop on Managing Potential

Conflicts in the South China Sea, planned for Indonesia in early December 1999.

12. The Participants expressed their appreciation to the Government of Indonesia for organising the meeting, and expressed gratitude to CIDA for its support, and to Pusat Studi/SCSIWG for its assistance.

Tabanan, Bali, June 30, 1999

參　考　書　目

官方文書

中華民國第一批領海基線、領海及鄰接區外界線公告，見 http://www.moiland.gov.tw/law/new/第一批領海基線.doc。

中共「關於中華人民共和國領海基線的聲明」，http://www.hriscs.com.cn/ 網頁中關於「中華人民共和國關於領海基線的聲明」部分。

美國能源部能源資訊署(Energy Information Administration (EIA), Department of Energy)對南海週邊國能源生產及利用的分析：

China: EIA, China Country Analysis Brief,
　　　http://www.eia.doe.gov/emeu/cabs/china.html

Indonesia: EIA, Indonesia Country Analysis Brief,
　　　http://www.eia.doe.gov/emeu/cabs/indonesia.html

Malaysia: EIA, Malaysia Country Analysis Brief,
　　　http://www.eia.doe.gov/emeu/cabs/malaysia.html

Philippines: EIA, Philippines Country Analysis Brief,
　　　http://www.eia.doe.gov/emeu/cabs/philippi.html

Taiwan: EIA, Taiwan Country Analysis Brief,
　　　http://www.eia.doe.gov/emeu/cabs/taiwan.html.

Thailand: EIA, Thailand Country Analysis Brief,
　　　http://www.eia.doe.gov/emeu/cabs/thailand.html

Vietnam: EIA, Vietnam Country Analysis Brief,

http://www.eia.doe.gov/emeu/cabs/vietnam.html

聯合國對各國海域主張之統計與對照，

http://www.un.org/Depts/los/LEGISLATIONANDTR EATIES/PDFFILES/Claims_2002.pdf.

Agreement for the Implementation of the Provisions of the United NationsConvention on the Law of the Sea of 10 December 1982 Relating to the Conservation and Management of Straddling Fish Stocks and Highly Migratory Fish Stocks, UN Doc. A/CONF.164/37 (8 September 1995).

ICJ Press Communiqué, No. 95/9, 29 March 1995.

ICJ Press Communiqué, No. 98/41, 4 December 1998.

Judgement of the North Sea Continental Shelf Case, *International Court of Justice Reports 1969.*

Judgement of Delimitation of the Maritime Boundary in the Gulf of Maine Area, *International Court of Justice Reports 1984.*

United Nations, *National Legislation on the Territorail Sea, the Right of Innocent Passage and the Contiguous Zone* (New York: UN, 1995).

United Nations, The Regime for High-Seas Fisheries, Status and Prospects (New York: United Nations, 1992).

中文部分

期刊論文

王冠雄，「海洋生物資源與永續發展」，*我國參與亞太區域合作策略之研究*，台北：政大國關中心，民國八十九年，頁 51。

--------，「一九八二年後公海捕魚自由的發展與轉變」，收錄於*國際法論集*，丘宏達教授六秩晉五華誕祝壽論文集，台北：三民，民國九十年，頁 69。

申長敬，「南海戰略形勢與共同開發研究」，*南海諸島學術討論會論文選編*，北京：國家海洋局海洋發展戰略研究所，一九九二年三月。

宋燕輝，「初探台灣新政府的南海政策」，見 http://www.dsis.org.tw/peaceforum/papers/2000-07/ASP0007001.htm。

--------，「南海會議與中華民國之參與：回顧與展望」，發表於國策中心第四屆國防管理研討會「我國應有的南海戰略」之論文，台北，八十四年十二月二十三日。

戚桐欣，「共同開發南海資源」，南海諸島學術討論會論文，海南省海口市，一九九一年九月十八日。

郭博堯，「從兩岸合作探油看我國石油產業發展」，國政研究報告，永續(研)091-004 號，民國九十一年五月二十九日。

陳德恭，「維護南沙群島主權和資源共同開發與區域合作」，

南海諸島學術討論會論文選編，北京：國家海洋局
　　　海洋發展戰略研究所，一九九二年三月。
龍村倪，「戰略對峙下的『南海』變局與因應」，跨世紀國家
　　　安全與軍事戰略學術研討會論文集，台北，民國八
　　　十八年十二月。
謝世雄，「國際海洋法制度下之海域礦產開發（中國東海及
　　　南海油氣資源情勢）」，刊於內政部編印，海洋政策
　　　與法規論叢，台北：內政部，民國八十六年六月。

專著

方力行，一九九八年東沙環礁調查及規劃報告，高雄：國立
　　　海洋生物博物館籌備處，民國八十七年。
王冠雄編，赴印尼參加第八屆處理南海潛在衝突研討會報告
　　　書暨附件，民國八十七年元月。
--------，出席第九屆處理南海潛在衝突研討會報告書，民國
　　　八十七年十二月。
--------，出席第十屆處理南海潛在衝突研討會報告書，民國
　　　八十八年十二月。
--------，赴寮國參加南海合作區域研究小組非正式會議報告
　　　書，民國八十七年六月。
--------，赴印尼參加第二屆南海合作區域研究小組非正式會
　　　議報告書，一九九九年七月。
吳東明，我國南海戰略之研究，國家安全會議專案研究報
　　　告，民國八十八年六月。
林文政譯，綠色希望：地球高峰會議藍圖，台北市：天下文

化，民國八十三年。

邱文彥，*海岸管理：理論與實務*，台北：五南出版社，民國
　　八十九年。

俞寬賜，*南海諸島領土爭端之經緯與法理：兼論東海釣魚台
　　列嶼之主權問題*，台北：國立編譯館，民 89 年。

姚嘉文，*南海十國春秋*，台北：大村，民國八十四年。

胡念祖，*國際間加強管理高度洄游及跨界魚群趨勢之研究
　　(II)*，行政院農業委員會委託研究計畫，民國八十
　　五年六月。

陳鴻瑜，*南海諸島之發現、開發與國際衝突*，台北：國立編
　　譯館，民國八十六年。

傅崑成，*南（中國）海法律地位之研究*，台北：一二三資訊，
　　民國八十四年。

楊作洲，*南海風雲*，台北：正中書局，民國八十二年。

龍村倪，*東沙群島：東沙島紀事集錦*，台北：財團法人台灣
　　綜合研究院，民國八十七年。

--------，*經營南海諸島之策略及規劃研究*，內政部八十七年
　　度南海問題專案研究論文獎助，民國八十七年五月。

ENGLISH

Articles

Applebaum, B., "The Straddling Stocks Problem: The Northwest Atlantic Situation, International Law, and Options for Coastal State Action," in Soons, ed., *Implementation of the Law of the Sea Convention Through International Institutions* (1990) p. 282

Barston, R. P. and Birnie, P. W., "The Falkland Islands/Islas Malvinas Conflict," 7 *Marine Policy* (1983) p. 14.

Bergin, Anthony and Marcus Haward, "Southern Bluefin Tuna Fishery: Recent Developments in International Management," 18:3 *Marine Policy* (1994) p. 265.

Bisbal, Gustavo A., "Fisheries Management on the Patagonian Shelf: A Decade After the 1982 Falklands/Malvinas Conflict," 17 *Marine Policy* (1993) p. 213.

--------, "The Southeast South American Shelf Large Marine Ecosystem," 19 *Marine Policy* (1995) p. 21.

Bowring, Philip and McBeth, John, "Basis of Dependence," *Far Eastern Economic Review* (12 April 1990) p. 20.

Burke, W. T., "UNCED and the Oceans," 17 *Marine Policy* (1993) p. 519.

--------, Freeberg, M., and Miles, E. L., "United Nations Regulations on Driftnet Fishing: An Unsustainable Precedent for High Seas and Coastal Fisheries Management," 25 *Ocean Development and International Law* (1994) p. 127.

Cameron, James and Juli Abouchar, "The Precautionary Principle: A Fundamental Principle of Law and Policy for the Protection of the Global Environment", 14 *Boston College International & Comparative Law Review* (1991), p. 1.

Christy, F. T., Jr., "The State of Food and Agriculture, World Review: Marine Fisheries in the New Era of National Jurisdiction," FAO Agriculture Series No. 12 (1981) p. 83.

Churchill, R. R., "The Falklands Fishing Zone: Legal Aspects," 12 *Marine Policy* (1988) p. 343.

Coquia, Jorge R., "Philippine Position on the South China Sea Issues," in Cariño, ed., *The South China Sea Disputes: Philippine Perspections* (1992) p. 52.

Cordner, Lee G., "The Spratly Islands Dispute and the Law of the Sea," 25 *Ocean Development and International Law* (1994) p. 61.

Djalal, Hasjim, "Potential Conflicts in the South China Sea: In Search of Cooperation," 18 *The Indonesian Quarterly* (1990) p. 127.

--------, "Issue Paper for Technical Working Group on the Resources Assessment of the South China Sea Informal Workshop," Paper presented at the Second Working Group Meeting on Resource Assessment and Ways of Development in the South China Sea, Jakarta, Indonesia, 5-6 July 1993.

--------, "The Relevance of the Concept of Joint Development to Maritime Disputes in the South China Sea," paper presented at the Second Meeting of the Study Group on Zones of Cooperation, Bali, Indonesia, June 27 – July 1, 1999.

--------, "Comments on the Progress of the Workshop Series in the Last 10 Years," presented at the Tenth Workshop on Managing Potential Conflicts in the South China Sea, Bogor, 6 December 1999.

Drigot, Diane C., "Oil Interests and the Law of the Sea: the Case of the Philippines," 12 *Ocean Development and International Law* (1982) p. 23.

DuBois, E. P., "Review of Principal Hydrocarbon-Bearing Basins of the South China Sea Area." In Valencia, ed., *The South China Sea: Hydrocarbon Potential and Possibilities of Joint Development* (1981).

Dunlap, William V., "Regional and International Cooperation in the Regulation of Energy Resources in the Arctic," in Gerald Blake, Martin Pratt, Clive Schofield, and Janet Allison Brown, eds., *Boundaries and Energy: Problems and Prospects* (London: Kluwer Law International, 1998) p. 297.

Dwiponggo, A., "Project Proposal on Regional Fisheries Stock Assessment in the South China Sea," Paper presented at the Second Working Group Meeting on Resource Assessment and Ways of Development in the South China Sea, Jakarta, Indonesia, 5-6 July 1993.

Dzurek, D. J., "Boundary and Resources Disputes in the South China Sea," 5 *Ocean Yearbook* (1985) p. 254.

Evans, Malcolm, "The Restoration of Diplomatic Relations between Argentina and the United Kingdom," 40 *International and Comparative Law Quarterly* (1991) p. 473.

Freestone, David and Ellen Hey, "Origins and Development of the Precautionary Principle," in David Freestone and Ellen Hey, eds., *The Precautionary Principle and International Law: the Challenge of Implementation* (The Hague: Kluwer Law International, 1996) p. 1.

Gao, Zhiguo, "The Legal Concept and Aspects of Joint Development in International Law," in Mochtar Kusuma-Atmadja, *et. al.*, eds., *Sustainable Development and Preservation of the Oceans: The Challenges of UNCLOS and Agenda 21* (Honolulu: The Law of the Sea Institute, University of Hawaii, 1997).

Garver, "China's Push through the South China Sea: The Interaction of Bureaucratic and National Interests," 132 *China Quarterly* (1992) p. 1015.

Hamzah, B. A., "Conflicting Jurisdictional Problems in the Spratlies: Scope for Conflict Resolution," in *Workshop on Managing Potential Conflicts in the South China Sea*, Bandung, Indonesia, 15-18 July 1991.

Harrison, S. S., "Conflicting Offshore Boundary Claims," *China Business Review* (May-June 1983) p. 51.

Hey, Ellen, "The Provisions of the United Nations Law of the Sea Convention on Fisheries Resources and Current International Fisheries Management Needs," *FAO Legislative Study,* No. 47 (1991) p. 1.

--------, "The Precautionary Approach: Implications of the Revision of the Oslo and Paris Conventions," 15 *Marine Policy* (1991) p. 245.

Holden, M. J., "Management of Fisheries Resources: The Experience of the European Economic Community," in Organisation for Economic Cooperation and Development (OECD), *Experiences in the Management of National Fishing Zones* (1984) p. 113.

Hongskul, V., "The Allocation of Scads and Mackerels," in Christy, *Law of the Sea: Problems of Conflict and Management of Fisheries in Southeast Asia* (1978) p. 1.

IPFC, *Exploitation and Management of Marine Fishery Resources in the Philippines*, IPFC/87/Symp/III/WP.4, IPFC Symposium on the Exploitation and Management on Marine Fishery Resources in Southeast Asia, Darwin, Australia, 16-19 February 1987.

Isa, Mansor Mat and Noordin, Raja Mohammad, "The Status of the Marine Fisheries in the South China Sea," Paper presented at the First Working Group Meeting on Marine Scientific Research in the South China Sea, Manila, Philippines, 30 May - 3 June 1993.

Jenkins, David, "The Spratlys: A 2000-year-old Claim," *Far Eastern Economic Review* (7 August 1981) p. 30.

Ji Guoxing, "China's Prospective Relations with ASEAN Countries after the Kampuchean Settlement," 21:3 *The Korean Journal of International Studies* (1990).

Johnston, D. M., "The Driftnetting Problem in the Pacific Ocean: Legal Considerations and Diplomatic Options," 21 *Ocean Development and International Law* (1990) p. 5.

Kent, George, "Harmonizing Extended Zone Legislation in Southeast Asia," 13 *Ocean Development and International Law* (1983) p. 247.

Kwiatkowska, B., "Creeping Jurisdiction beyond 200 Miles in Light of the Law of the Sea Convention and State Practice," 22 *Ocean Development and International Law* (1991) p. 153.

Lagoni, Rainer, "Interim Measures Pending Maritime Delimitation Agreements," 78 *American Journal of International Law* (1984) p. 345.

Laursen, Finn, "Security Aspects of Danish and Norwegian Law of the Sea Policies," 18 *Ocean Development and International Law* (1987) p. 219

Leong, Ho Khai, "The Changing Political Economy of Taiwan - Southeast Asia Relations," 6 *The Pacific Review* (1993) p. 31.

Lin, Cheng-yi, "Taiwan's South China Sea Policy," 37(4) *Asian Survey* (1997 April) p. 323.

Majid, S. bin A., "Controlling Fishing Effort: Malaysia's Experience and Problems," in FAO, *Expert Consultation on the Regulation of Fishing Effort (Fishing Mortality) FAO Fisheries Report* No. 289 (1985) p. 319.

McBeth, John, "Troubled Waters: Proposed Sea Lanes Spark Concern," *Far Eastern Economic Review* (29 December 1994) p. 18.

--------, "Indonesia: Water of Strife: Washington opposes proposed sea-lane rules," *Far Eastern Economic Review* (29 February 1996) p. 30.

Meltzer, Evelyne, "Global Overview of Straddling and Highly Migratory Fish Stocks: The Nonsustainable Nature of High Seas Fisheries," 25 *Ocean Development and International Law* (1994) p. 255.

Menasveta, Deb, "A Regional Approach to the Development of Living Aquatic Resources in the Southeast Asian Region," in Johnston, Gold, and Tangsubkul, eds., *International Symposium on the New Law of the Sea in Southeast Asia: Developmental Effects and Regional Approaches* (1983) p. 35.

Michaud, Philippe, "Regional Fisheries organizations: Interaction and Participation," a paper presented at the 30th Annual Conference of the Law of the Sea Institute, Al Ain, United Arab Emirates, 19-22 May 1996.

Miles, Edward L., "An Assessment of the Impact of Proposed Changes in the Law of the Sea on Regional Fisheries Commissions," in *FAO Technical Assistance Programmes in Fisheries, and on the FAO Committee on Fisheries and Department of Fisheries*, COFI/C/4776/INF.3.

-------- and Burke, William T., "Pressures on the United Nations Convention on the Law of the Sea of 1982 Arising from New Fisheries Conflicts: The Problem of Straddling Stocks," in Clingan and Kolodkin, eds., *Moscow Symposium on the Law of the Sea* (1991) p. 217.

Morgan, Joseph, "Marine Regions and Regionalism in South-East Asia," 8 *Marine Policy* (1984) p. 299.

Noer, John H., "Southeast Asian Chokepoints: Keeping Sea Lines Communication Open," 98 *Strategic Forum* (December 1996), at http://www.ndu.edu/inss/strforum/forum98.html.

Østreng, Willy, "The Continental Shelf: Issues in the Eastern Arctic Ocean," in John King Gamble, Jr. ed., *Law of the Sea: Neglected Issues* (Hawaii: University of Hawaii, 1979) p. 173.

Owen, David and Barham, John, "British Offer Over Falkland Oil," *Financial Times*, 26 January 1994, p. 3.

Pharand, Donat, "Sovereignty in the Arctic: the International Legal Context," in Edgar J. Dosman, ed., *Sovereignty and Security in the Arctic* (London & New York: Routledge, 1989).

Phommavongsa, Phoukhao, "Report on the First Meeting of the Study Group on Zones of Cooperation in the South China Sea," presented at the 9th Workshop on Managing Potential Conflicts in the South China Sea, Jakarta, December 1-3, 1998.

Polahan, P., "Thailand-Malaysia Memorandum: A Chronology," 6:11 *Energy* (1981) p. 1356

Rubin, A. P., "Historical and Legal Background of the Falklands/Malvinas Dispute," in Coll and Arend, eds., *The Falklands War: Lessons for Strategy, Diplomacy, and International Law* (1985) p. 9.

Sands, Philippe, "International Law in the Field of Sustainable Development: Emerging Legal Principles," in Winfried Lang, ed., *Sustainable Development and International Law* (London: Graham & Trotman, 1995) p. 62.

Savini, Michael J., *Summary Information on the Role of International Fishery Bodies with regard to the Conservation and Management of Living Resources of the High Seas*, FAO Fisheries Circular, No. 835 (September 1991).

Scully, Tucker, "Report on UNCED," in Miles and Treves, eds., *The Law of the Sea: New Worlds, New Discoveries* (1993) p. 97.

Silalahi, Adian, "Report on the Second Meeting of the Study Group on Zones of Cooperation in the South China Sea," presented at the Tenth Workshop on Managing Potential Conflicts in the South China Sea, Bogor, 6 December 1999.

Simon, Sheldon W., "U.S. Interests in Southeast Asia: The Future Military Presence," 31 *Asian Survey* (1991) p. 662.

Song, Yann-Huei, "United States Ocean Policy: High Seas Driftnet Fisheries in the North Pacific Ocean," 11 *Chinese Yearbook of International Law and Affairs* (1991-92) p. 64.

Symmons, C., "The Maritime Zones Around the Falkland Islands," 37 *International and Comparative Law Quarterly* (1988) p. 283.

Tansubkul, P. and Fung-wai, F. L., "The New Law of the Sea and Development in Southeast Asia," 23 *Asian Survey* (1983) p. 868.

Thomas, Bradford L., "The Spratly Islands Imbroglio: A Tangled Web of Conflict," in International Boundaries Research Unit, *International Boundaries and Boundary Conflict Resolution 1989 Conference Proceedings* (1990) p. 421.

Townsend-Gault, Ian, "The Use of Revolving Funds for Financing Marine Pollution Response," Paper prepared for the Third Meeting of the Technical Working Group on Legal Matters in the South China Sea, Pattaya, Thailand, October 12-16.

Traavik, Kim and Østreng, Willy, "Security and Ocean Law: Norway and the Soviet Union in the Barents Sea," 4 *Ocean Development and International Law* (1977) p. 362.

Treves, Tullio, "The Protection of the Oceans in Agenda 21 and International Environmental Law," in L. Campiglio, *et al.*, eds., *The Environmental after Rio: International Law and Economics* (London: Graham & Trotman, 1994) p. 166.

Valencia, Mark J., "The South China Sea: Prospects for Marine Regionalism," 2 *Marine Policy* (1978) p. 87.

--------, "Southeast Asian Seas: National Marine Interests, Transnational Issues, and Marine Regionalism," in MacAndrews and Sien, eds., *Southeast Asian Seas: Frontiers for Development* (1981) p. 341.

--------, "All-for-Everyone Solution," *Far Eastern Economic Review* (30 March 1989) p. 20.

--------, "The South China Sea: Potential Conflict and Cooperation," Paper presented at the Third Workshop on Managing Potential Conflicts in the South China Sea, Yogyakarta, Indonesia, 29 June-2 July 1992.

--------, "Spratly Solution Still at Sea," 6 *The Pacific Review* (1993) p. 155.

-------- and Marsh, James Barney, "Access to Straits and Sealanes in Southeast Asian Seas: Legal, Economic, and Strategic Considerations," 16 *Journal of Maritime Law and Commerce* (1985) p. 513.

--------, Van Dyke, J. M., and Ludwig, Noel, "The South China Sea: Approaches and Interim Solution," (26 April 1995, mimeo.)

Valero, Gerardo M. C., "Spratly Archipelago Dispute: Is the Quetion of Sovereignty Still Relevant?" 18 *Marine Policy* (1994) p. 314.

Van Der Essen, Alfred, "The Application of the Law of the Sea to the Antarctic Continent," in Vicuña, ed., *Antarctic Resources Policy: Scientific, Legal and Political Issues* (1983) p. 231.

Vatikiotis, M., "China Stirs the Pot," *Far Eastern Economic Review* (9 July 1992) p. 14.

Vicuña, F. O., "Towards an Effective Management of High Seas Fisheries and the Settlement of the Pending Issues of the Law of the Sea: The View of Developing Countries Ten Years after the Signature of the Law of the Sea Convention," in Miles and Treves, eds., *The Law of the Sea: New Worlds, New Discoveries* (1993) p. 415.

Wang, Kuan-Hsiung, "Bridge over Troubled Waters: Fisheries Cooperation as a Resolution to the South China Sea Conflicts," 14(4) *The Pacific Review* (2001) p. 531.

Watts, Arthur D., "The Antarctic Treaty as a Conflict Resolution Mechanism," in Polar Research Board, *Antarctic Treaty System: An Assessment* (1986) p. 68.

--------, "Antarctic Mineral Resources: Negotiations for a Mineral Resources Regime," in Triggs, ed., *The Antarctic Treaty Regime: Law, Environment and Resources* (1987) p. 164.

Whiteman, Marjorie M., "Conference on the Law of the Sea: Convention on the Continental Shelf," 52 *American Journal of International Law* (1958) p. 635.

You, Ji and You, Xu, "In Search of Bule Water Power: The PLA Navy's Maritime Strategy in the 1990s," 4 *The Pacific Review* (1991) p. 137.

Yu, Peter Kien-hong, "Reasons for not Negotiating and Negotiating (Away) the Spratlys: A Chinese View from Taiwan," Paper presented at the International Academic conference on Territorial Claims in the South China Sea, Centre of Asian Studies, University of Hong Kong, 4-6 December 1990.

--------, "Issues on the South China Sea: A Case Study," 11 *Chinese Yearbook of International Law and Affairs* (1991-92) p. 138.

Yu, Steven K.-T., "Who Owns the Paracels and Spratlys? - An Evaluation of the Nature and Legal Basis of the Conflicting Territorial Claims," 9 *Chinese Yearbook of International Law and Affairs* (1989) p. 1.

Zahar, D., "The Timor Gap Treaty," in Mochtar Kusuma-Atmadja, *et. al.*, eds., *Sustainable Development and Preservation of the Oceans: The Challenges of UNCLOS and Agenda 21* (Honolulu: The Law of the Sea Institute, University of Hawaii, 1997) p. 597.

Books

Beck, Peter, *The Falklands As An International Problem* (Routledge: London and New York, 1988).

Blake, G., Martin Pratt, Clive Schofield, and Janet Allison Brown, eds., *Boundaries and Energy: Problems and Prospects* (London: Kluwer Law International, 1998)

Burke, William T., *The New International Law of Fisheries: UNCLOS 1982 and Beyond* (Clarendon Press: Oxford, 1994).

Campiglio, L., *et al.*, eds., *The Environmental after Rio: International Law and Economics* (London: Graham & Trotman, 1994).

Christy, Francis T., Jr., ed., *Law of the Sea: Problems of Conflict and Management of Fisheries in Southeast Asia,* Proceedings of the ICLARM/ISEAS Workshop on the Law of the Sea, Manila, Philippines, 26-29 November 1978.

--------, *Marine Fisheries and the Law of the Sea: A Decade of Change*, FAO Fisheries Circular No. 853 (FAO: Rome, 1992).

Chullasorn, Somsak and Martosubroto, Purwito, *Distribution and Important Biological Features of Coastal Fish Resources in Southeast Asia,* FAO Fisheries Technical Paper No. 278 (FAO: Rome, 1986).

Churchill, R. R. and Lowe, A. V., *The Law of the Sea* (Manchester University Press: Manchester, 1988).

Clingan, Thomas A. Jr. and Kolodkin, Anatoly L., eds., *Moscow Symposium on the Law of the Sea,* 28 November - 2 December 1988, Proceedings of a Workshop Co-sponsored by the Law of the Sea Institute (University of Hawaii: Honolulu, Hawaii, 1991).

Coll, A. R. and Arend, A. C., eds., *The Falklands War: Lessons for Strategy, Diplomacy, and International Law* (Allen & Unwin: Boston, 1985).

Csirke, J., *The Patagonian Fishery Resources and the Offshore Fisheries in the South-West Atlantic*, FAO Fisheries Technical Paper, No. 286 (FAO: Rome, 1987).

Day, Alan J., ed., Border and Territorial Disputes (London: Longman, 1982).

Dosman, Edgar J., ed., *Sovereignty and Security in the Arctic* (London & New York: Routledge, 1989).

Dupuy, Rene-Jean and Vignes, Daniel, eds., *A Handbook on the New Law of the Sea* (Dordrecht: Martinus Nijhoff Publishers, 1991).

Ferndandez, H. C., *The Philippines 200-Mile Economic Zone* (Secretarial to the Cabinet Commission on the Law of the Sea by the Development Academy of the Philippine Press: Manila, 1982).

Floistad, Brit, *Fish and Foreign Policy: Norway's Fisheries Policy towards other Countries in the Barents Sea, the Norwegian Sea, and the North Sea* (Honolulu: Law of the Sea Institute, University of Hawaii, 1991).

Freestone, David and Ellen Hey, eds., *The Precautionary Principle and International Law: the Challenge of Implementation* (The Hague: Kluwer Law International, 1996).

Friedman, Wolfgang G., et al, *Cases and Materials in International Law* (West Publishing Co.: New York, 1969).

Gamble, John King, Jr. ed., *Law of the Sea: Neglected Issues* (Hawaii: University of Hawaii, 1979).

Gauci, Gotthard, *Oil Pollution at Sea* (New York: John Wiley & Sons, 1997).

Greene, Fred, ed., *The Philippine Bases: Negotiating for the Future* (Council on Foreign Relations: New York, 1988).

Haller-Trost, R., *The Contested Maritime and Territorial Boundaries of Malaysia: An International Law Perspective* (London: Kluwer Law, 1998).

Hamzah, B. A., *Malaysia's EEZ: A Study in Legal Aspects* (Pelanduk Publications: Kuala Lumpur, 1988).

--------, *The Spratlies: What Can Be Done to Enhance Confidence* (Institute of Strategic and International Studies: Malaysia, 1990).

Hey, Ellen, *The Regime for the Exploitation of Transboundary Marine Fisheries Resources* (Martinus Nijhoff Publishers: Dordrecht, 1989).

Jennings, Robert, Sir and Watts, Arthur, Sir, eds., *Oppenheim's International Law*, Vol. 1, Parts 2 to 4, 9th Edition (Longman: Essex, 1992).

Ji, Guoxing, *The Spratlys Disputes and Prospects for Settlement* (Institute of Strategic and International Studies: Malaysia, 1992).

Jia, Bing Bing, *The Regime of Straits in International Law* (Oxford: Clarendon Press, 1998).

Johnson, Stanley P., ed., *The Earth Summit: The United Nations Conference on Environment and Development (UNCED)* (Graham and Trotman Ltd.: London, 1993).

Johnston, D. M., *The International Law of Fisheries: A Framework for Policy-Oriented Inquiries* (New Haven Press: New Haven, 1987).

--------, Gold, E., and Tangsubkul, P., eds., *International Symposium on the New Law of the Sea in Southeast Asia: Developmental Effects and Regional Approaches* (Dalhousie Ocean Studies Programme: Halifax, 1983).

-------- and Valencia, M. J., *Pacific Ocean Boundary Problems: Status and Solutions* (Martinus Nijhoff Publishers: Dordrecht, 1991).

Kusuma-Atmadja, Mochtar, *et. al.*, eds., *Sustainable Development and Preservation of the Oceans: The Challenges of UNCLOS and Agenda 21* (Honolulu: The Law of the Sea Institute, University of Hawaii, 1997).

Kwiatkowska, Barbara, *The 200 Mile Exclusive Economic Zone in the New Law of the Sea* (Martinus Nijhoff Publishers: The Hague, 1989).

Lang, Winfried, ed., *Sustainable Development and International Law* (London: Graham & Trotman, 1995).

Lay, S. H., Churchill, R. R., and Nordquist, M., comp. and eds., *New Directions in the Law of the Sea*, Vol. I-XI (Oceana Publications Inc.: Dobbs Ferry, New York, 1973-1981).

Leng, Lee Yong, *Southeast Asia and the Law of the Sea* (Singapore University Press: Singapore, 1978).

Lo, Chi-Kin, *China's Policy Towards Territorial Disputes: The Case of South China Sea Islands* (Routledge: London and New York, 1989).

Luu Van Loi, The Sino-Vietnamese Difference on the Hoang Sa and Truong Sa Archipelagoes (Hanoi: The Gioi Publishers, 1996).

MacAndrews, Colin and Sien, Chia Lin, eds., *Southeast Asian Seas: Frontiers for Development* (McGraw-Hill International Book Company: Singapore, 1981).

Malanczuk, Peter, *Akehurst's Modern Introduction to International Law*, 7th Revised Edition (London and New York: Routledge, 1997).

Mitchell, R. B., *Intentional Oil Pollution at Sea: Environmental Policy and Treaty Compliance* (Cambridge, Massachusetts: The MIT Press, 1994).

Morgan, J. and Valencia, M., eds., *Atlas for Marine Policy in Southeast Asian Seas* (University of California Press: Berkeley, California, 1983).

Nordquist, Myron H., et al., eds., *United Nations Convention on the Law of the Sea 1982: A Commentary*, Volumes I and II (Martinus Nijhoff Publishers: London, 1993).

Northridge, Simon P., *Driftnet Fisheries and Their Impacts on Non-Target Species: A Worldwide Review*, FAO Fisheries Technical Paper, No. 320 (FAO: Rome, 1991).

O'Connell, D. P., *The International Law of the Sea*, Two Vols. (Clarendon Press: Oxford, 1982, 1984).

Park, Choon-ho, *East Asia and the Law of the Sea* (Seoul National University Press: Seoul, 1983).

Polar Research Board, *Antarctic Treaty System: An Assessment* (National Academy Press: Washington, D. C., 1986).

Prescott, J. R. V., *The Maritime Political Boundaries of the World* (Methuen: London & New York, 1985).

Ross, Michael R., *Fisheries Conservation and Management* (New Jersey: Prentice Hall, 1997).

Samuels, Marwyn S., *Contest for the South China Sea* (Methuen: New York and London, 1982).

Scovazzi, Tullio, ed., *Marine Specially Protected Areas: The General Aspects and the Mediterranean Regional System* (The Hague: Kluwer Law International, 1999).

Smith, Robert W., *Exclusive Economic Zone Claims: An Analysis and Primary Document* (Martinus Nijhoff Publishers: Dordrecht, 1986).

Smith, Wayne S., ed., *Toward Resolution?: The Falklands/Malvinas Dispute* (Lynne Rienner Publishers: Boulder and London, 1991).

Soons, A. H. A., ed., *Implementation of the Law of the Sea Convention Through International Institutions*, Proceedings of the 23rd Annual Conference of the Law of the Sea Institute, 12-15 June 1989, Noordwijk aan Zee, The Netherlands (University of Hawaii: Honolulu, 1990).

Tolentino, A. M., *The Philippines and the Law of the Sea: A Collection of Articles, Statements, and Speeches* (1982).

Valencia, M. J. ed., *The South China Sea: Hydrocarbon Potential and Possibilities of Joint Development* (Pergamon Press: New York, 1981).

--------, *Southeast Asian Seas: Oil under Troubled Waters: Hydrocarbon Potential, Jurisdictional Issues, and International Relations* (Oxford University Press: Kuala Lumpur and Singapore, 1985).

--------, *Malaysia and the Law of the Sea: The Foreign Policy Issues, the Options and Their Implications* (Malaysia: Institute of Strategic and International Studies, 1991).

--------, von Dyke, Jon M., and Ludwig, Noel A., *Sharing the Resources of the South China Sea* (London: Martinus Nijhoff Pubishers, 1997).

Vicuña, Francisco Orrego, ed., *Antarctic Resources Policy: Scientific, Legal and Political Issues* (Cambridge University Press: Cambridge, 1983).

--------, *The Exclusive Economic Zone: Regime and Legal Nature Under International Law* (Cambridge: Cambridge University Press, 1989).

World Commission on Environment and Development, *Our Common Future* (Oxford: Oxford University Press, 1987).

報紙及期刊報導

人民日報

大公報（香港）

中央日報

中國時報

自立早報

自由時報

聯合報

Financial Times

Far Eastern Economic Review

The Times

國家圖書館出版品預行編目

南海諸島爭端與漁業共同合作 / 王冠雄著. 一版.
　臺北市：秀威資訊科技，2002 民 91
　面 ； 　公分. -- 　參考書目 ： 23 面
　ISBN 978-957-28175-1-3(平裝)
　1. 南中國海問題
　2. 漁業合作

578.193　　　　　　　　　　　　　91019744

社會科學類　　AF0002

南海諸島爭端與漁業共同合作

作　　者 / 王冠雄
發 行 人 / 宋政坤
執行編輯 / 林世玲
圖文排版 / 劉醇忠
封面設計 / 劉美廷
數位轉譯 / 徐真玉　　沈裕閔
圖書銷售 / 林怡君
網路服務 / 徐國晉
出版印製 / 秀威資訊科技股份有限公司
　　　　　台北市內湖區瑞光路 583 巷 25 號 1 樓
　　　　　電話：02-2657-9211　　　傳真：02-2657-9106
　　　　　E-mail：service@showwe.com.tw
經 銷 商 / 紅螞蟻圖書有限公司
　　　　　台北市內湖區舊宗路二段 121 巷 28、32 號 4 樓
　　　　　電話：02-2795-3656　　　傳真：02-2795-4100
　　　　　http://www.e-redant.com

2006 年 7 月 BOD 再刷
定價：320 元

讀 者 回 函 卡

感謝您購買本書，為提升服務品質，煩請填寫以下問卷，收到您的寶貴意見後，我們會仔細收藏記錄並回贈紀念品，謝謝！

1.您購買的書名：_____

2.您從何得知本書的消息？

　　□網路書店　□部落格　□資料庫搜尋　□書訊　□電子報　□書店

　　□平面媒體　□ 朋友推薦　□網站推薦　□其他_____

3.您對本書的評價：(請填代號　1.非常滿意2.滿意3.尚可4.再改進)

　　封面設計____　版面編排____　內容____　文/譯筆____　價格____

4.讀完書後您覺得：

　　□很有收獲　□有收獲　□收獲不多　□沒收獲

5.您會推薦本書給朋友嗎？

　　□會　□不會，為什麼？_____

6.其他寶貴的意見：_____

_____

_____

_____

讀者基本資料

姓名：_____ 年齡：_____ 性別：□女 □男

聯絡電話：_____ E-mail：_____

地址：_____

學歷：□高中(含)以下　　□高中　　□專科學校　　□大學

　　　□研究所(含)以上 □其他_____

職業：□製造業 □金融業 □資訊業 □軍警 □傳播業 □自由業

　　　□服務業 □公務員 □教職　□學生 □其他_____

秀威與 BOD

BOD（Books On Demand）是數位出版的大趨勢，秀威資訊率先運用 POD 數位印刷設備來生產書籍，並提供作者全程數位出版服務，致使書籍產銷零庫存，知識傳承不絕版，目前已開闢以下書系：

一、BOD 學術著作—專業論述的閱讀延伸
二、BOD 個人著作—分享生命的心路歷程
三、BOD 旅遊著作—個人深度旅遊文學創作
四、BOD 大陸學者—大陸專業學者學術出版
五、POD 獨家經銷—數位產製的代發行書籍

BOD 秀威網路書店：www.showwe.com.tw
政府出版品網路書店：www.govbooks.com.tw

永不絕版的故事・自己寫・永不休止的音符・自己唱